sueña

3

Cuaderno de Ejercicios

Nivel Avanzado

Coordinadora del Nivel Avanzado
Begoña Sanz Sánchez

Autores
M.ª Ángeles Álvarez Martínez
M.ª Vega de la Fuente Martínez
Inocencio Giraldo Silverio
Fátima Martín Martín
Begoña Sanz Sánchez
M.ª Jesús Torrens Álvarez

UNIVERSIDAD DE
ALCALÁ

ANAYA ñ ELE

Equipo de la Universidad de Alcalá
      Dirección: M.ª Ángeles Álvarez Martínez

      Programación y esquemas gramaticales: M.ª Ángeles Álvarez Martínez
                                            Ana Blanco Canales
                                            M.ª Jesús Torrens Álvarez

      Coordinación del Nivel Avanzado: Begoña Sanz Sánchez

      Autores: M.ª Ángeles Álvarez Martínez
               M.ª Vega de la Fuente Martínez
               Inocencio Giraldo Silverio
               Fátima Martín Martín
               Begoña Sanz Sánchez
               M.ª Jesús Torrens Álvarez

7.ª reimpresión: 2010
3.ª edición: 2007

© Del texto: Cursos Internacionales S. L. (Alcalingua S. R. L.), de la Universidad de Alcalá, 2001
© De los dibujos y gráficos: Grupo Anaya, S.A., 2001
© De esta edición: Grupo Anaya, S.A., 2001, Juan Ignacio Luca de Tena, 15 - 28027 Madrid

Depósito legal: M-10.719-2010
ISBN: 978-84-667-6369-1
Printed in Spain
Imprime: Huertas I. G., S.A.

Equipo editorial
      Edición: Milagros Bodas, Sonia de Pedro
      Ilustración: El Gancho (Tomás Hijo, José Zazo y Alberto Pieruz)
      Cubiertas: Taller Universo: M. Á. Pacheco, J. Serrano
      Maquetación: Ángel Guerrero y Luis María Bilbao
      Corrección: Carolina Frías, Esther García, Maite Izquierdo
      Edición gráfica: Nuria González

Fotografías: Archivo Anaya (Boe, O.; Chamero, J.; Leiva, A.; Muñoz, J. C.; Ortega, A.; Redondo, C.; Rivera Jove, V.; Steel, M.;
      Vizuete, E.; Zuazo, H.); Breitfeld, Claus; Fototeca 9 x 12; Prisma; Stock Photos

Las normas ortográficas seguidas en este libro son las establecidas por la Real Academia Española en su última edición
de la *Ortografía*, del año 1999.

Instituto
Cervantes

Este Método se ha realizado de acuerdo con el *Plan Curricular* del Instituto Cervantes, en virtud del Convenio suscrito el 14 de junio de 2001.
La marca del Instituto Cervantes y su logotipo son propiedad exclusiva del Instituto Cervantes.

PRESENTACIÓN

Este método es producto de la labor de un equipo de lingüistas y profesores de español como lengua extranjera de la Universidad de Alcalá, elaborado y puesto en práctica durante años con nuestros alumnos. Reunimos, en el conjunto de libros, que constituye el método SUEÑA, los materiales que hemos diseñado para la enseñanza de nuestra lengua, desde el Nivel Inicial hasta el Nivel Superior. Con ello, ponemos a disposición de todos los profesores y estudiantes de español como segunda lengua unos materiales y una experiencia que nos han sido de gran utilidad con nuestros alumnos, con la confianza de que puedan prestarles también a ellos un buen servicio.

Para el desarrollo del método hemos partido de una programación detallada para todos los niveles, que se ha ido elaborando cuidadosamente al hilo de nuestra experiencia docente y de las investigaciones que, en este campo, hemos llevado a cabo en nuestro centro.

El método SUEÑA está inscrito en las directrices generales del Instituto Cervantes, y por ello obtuvo el reconocimiento de esta institución en su momento. Sin embargo, después se publicó el *Marco común europeo de referencia para la enseñanza / aprendizaje de lenguas* (MCER), y las directrices europeas han cambiado. De los 4 niveles iniciales se ha pasado a 6 niveles básicos (A1, A2, B1, B2, C1 y C2). Por ello, los niveles de SUEÑA se han adaptado a los establecidos por el Marco.

El Cuaderno de Ejercicios de SUEÑA 3, que corresponde al tercer nivel del método, se ha concebido como un material complementario para la clase, ya que ofrece al profesor y al estudiante ejercicios y actividades que pueden desarrollarse en el aula o constituir tarea para casa.

Está dividido en 10 lecciones en las que se trabajan los mismos contenidos del Libro del Alumno, bien como refuerzo de lo aprendido en clase o bien como ampliación de las cuestiones tratadas.

Los ejercicios propuestos se integran, cuando se considera necesario, con un icono en el Libro del Alumno. En el Libro del Profesor se recomienda qué ejercicios pueden desarrollarse en clase.

El Cuaderno de Ejercicios plantea diversas actividades, juegos y pasatiempos con los que se puede aprender y practicar el español de forma amena y divertida. Cierran el libro las soluciones a todos los ejercicios.

Retratos

1

1 **Relaciona cada palabra con su opuesto.**

► tranquilo
► triste
► contento
► agradecido
► salado
► sabroso
► chillón
► desesperado
► atractivo

▷ apagado
▷ ingrato
▷ esperanzado
▷ alegre
▷ impaciente
▷ soso
▷ disgustado
▷ repulsivo
▷ insípido

2 **Los siguientes adjetivos se suelen emplear refiriéndose a sabores. ¿Qué crees que significan si los utilizamos para caracterizar a una persona? Averígualo con ayuda de tu diccionario.**

⇨ picante _____

⇨ soso _____

⇨ dulce _____

⇨ delicioso _____

⇨ salado _____

⇨ amargo _____

⇨ agrio _____

3 **Termina estas diez oraciones justificando la validez de tu elección. Sigue el ejemplo.**

Ej.: *El partido es...* (+ cualidad) *interesante.*
El partido es... (+ tiempo) *a las tres de la tarde.*

1. La fiesta es…
2. Estamos a…
3. Seremos…
4. Estamos en…
5. Juana está…

6. Maribel es…
7. Estoy…
8. La secretaría está…
9. Las manzanas están…
10. La tortilla está…

4 **Completa con *ser* o *estar* las siguientes oraciones.**

1. ……… interesante hablar con gente de otras culturas.

2. Alberto ……… obsesionado con ver el fútbol, no hace otra cosa los domingos.

3. Para comprender el texto no ……… muy importante conocer todas las palabras.

4. No lo parece, pero ella ……… casada y tiene cuatro hijos.

5. ……… ciego, no ves que te están engañando.

6. ……… fantástico que te den la beca.

7. Su madre ……… preocupada por el resultado del examen.

8. Tu amigo ……… muy simpático, hasta nos ha invitado a cenar.

9. Ana no se puede poner al teléfono, ……… acostada.

10. Todavía no ……… vestido y el taxi llega en cinco minutos.

5 Elige la opción correcta.

1. Qué raro, me ha saludado y hasta me ha preguntado por mi mujer. *Es / está* muy simpático.

2. Todos los días dice las mismas tonterías. *Es / está* estúpido.

3. Un hombre ha sobrevivido seis meses en los Andes con solo una botella de agua. *Es / está* increíble.

4. Desde que lo han ascendido no hay quien lo aguante. *Es / está* insoportable.

5. Me han concedido una prórroga de estudios en Cuba. *Es / está* genial.

6. No hemos conseguido superar la prueba. *Es / está* horrible.

7. Se ha puesto otra vez ese traje tan feo. *Es / está* espantoso con él.

8. La pomada te picará durante un rato pero la herida ya no te dolerá. *Es / está* soportable.

9. La novia está muy bien con ese vestido blanco. *Es / está* estupenda.

10. Mi hermana hoy ha cometido tres errores con los ejercicios. *Es / está* tonta.

6 Completa según el modelo.

Ej.: *Andrés siempre habla de las mismas cosas: dinero y coches.* <u>Es aburrido.</u>
Andrés lleva toda la tarde diciendo que no sabe qué hacer. <u>Está aburrido.</u>

1. Luis siempre está pendiente de sus invitados. _____

2. Lleva todo el verano tomando el sol. _____

3. El vino tiene mal sabor. _____

4. Mi compañero casi nunca habla con nadie y le cuesta hacer amigos. _____

5. Gema escucha todo lo que dice el profesor. _____

6. Las uvas no se pueden comer todavía. Tienen un sabor ácido. _____

7. El médico ha dicho que no se sobresalte. _____

8. Estaba algo nervioso porque le ha preguntado por su mujer y hace dos meses que están divorciados. _____

9. Se han comprado seis coches y dos pisos. _____

10. El director nos ha convocado a todos a una reunión para resolver un problema y ha escuchado todas las sugerencias. _____

7 Completa con *ser / estar*.

1. Hay que .... bastante atento en clase.

2. El profesor .... molesto porque nadie ha aprobado.

3. El restaurante .... cerrado por obras.

4. Aunque es una persona simpática nunca .... abierta a conocer gente nueva.

5. Este ejercicio tiene frases que .... poco claras.

6. Silvia .... aburrida y sin saber qué hacer.

7. Este pastel .... buenísimo.

8. .... listo si crees que te van a dar la razón.

9. Siempre cuenta los mismos chistes obscenos. .... un viejo verde.

10. .... aburrido viajar sin amigos.

8 Tacha las palabras que no correspondan.

1. desgraciado, soso, feliz, agradecido, contento.

2. salado, soso, picante, dulce, amargo.

3. alegre, atribulado, eufórico, contento, divertido.

4. atento, listo, vivo, abierto, interesante.

5. partidario, importante, honrado, inteligente, enfadado.

6. desilusionado, preocupado, obsesionado, contento, leal.

9 Corrige el error cuando sea necesario.

1. Rafa es casado con Pilar.
2. Ese vestido no se lleva; está antiguo.
3. Creo que Carmen es guardando la compra.
4. ¿A qué día es hoy?
5. Siempre dice mentiras, no es sincero.

6. Era las tres cuando acabó la película.
7. Es feliz trabajando en esa empresa.
8. En la conferencia habían cuarenta personas.
9. Estamos seis en total en clase de francés.
10. Juan Carlos está atento con todo el mundo.

10 Completa las frases con la forma correspondiente de *ser* / *estar* y el participio de los siguientes verbos.

> resolver, imprimir, romper, prender, freír, considerar, abrir, cansar, soltar, atender

1. Hoy la tienda .... hasta las tres, porque es el cumpleaños del jefe.
2. El mes pasado .... en el hospital por los mejores médicos del país.
3. El asunto de los turnos ya ....
4. Pablo tiene la esperanza de aprobar en septiembre; el problema es que estudiar en verano .... muy ....
5. Ayer dejé el formulario en la papelería; acércate y comprueba si ya ....

6. ¡Alberto, ven a ayudarme, que este cable ....!
7. Resulta que encargué una mesa para la sala de estar y una de las patas ...., así que tengo que llamar a la tienda para que se la lleven.
8. No podemos empezar a comer, los huevos todavía no ....
9. Me ha tratado siempre con mucha amabilidad; tengo que reconocer que Óscar .... muy .... conmigo.
10. Su abuelo .... en Murcia durante la guerra.

11 Di si son correctas o incorrectas las siguientes frases. Justifica tu respuesta y corrige los errores.

1. Hoy el cielo es menos azulado que ayer.
   ▶ _____

2. Carlos siempre está triste.
   ▶ _____

3. Ya estamos a primavera, ¡qué bien!
   ▶ _____

4. ¿Qué horas son? Son la una.
   ▶ _____

5. ¿Qué horas son estas de llegar?
   ▶ _____

6. Elena es resfriada desde el martes.
   ▶ _____

7. Esto es absurdo. Yo creo que debemos olvidarlo.
   ▶ _____

8. ¿Dónde está tu chaqueta? Ahí está, está la azul.
   ▶ _____

9. Mi marido acaba de llegar de trabajar y es tumbado en el sofá.
   ▶ _____

10. Está necesario que vayas a comprar pan.
    ▶ _____

12 **Transforma las siguientes frases en estructuras impersonales.**

1. Los jóvenes hablan bien español.
   ► _____

2. María ha traído el correo esta mañana temprano.
   ► _____

3. Ellos comían en ese restaurante estupendamente.
   ► _____

4. Te entregarán el premio la próxima semana.
   ► _____

5. Mis primos hacen reportajes fotográficos baratos.
   ► _____

13 **Distingue las frases impersonales de las que no lo sean y explica cada caso.**

1. Se lo regalé a mi primo.
2. Últimamente se han oído rumores sobre ese tema.
3. Contrataron a Juan el mes pasado.
4. Se recibió al tenor con una gran ovación.
5. Se besaron apasionadamente.
6. Nevó abundantemente el invierno pasado.
7. En Málaga se veranea por poco dinero.
8. En esa carretera hay tres curvas muy peligrosas.
9. Compró la casa gracias a un crédito.
10. Se oye buena música en este bar.

14 **Relaciona cada expresión con su significado.**

► ser pan comido
► estar de juerga
► ser un pájaro de mal agüero
► estar en Babia
► estar de más
► estar como un fideo
► ser un arma de doble filo
► estar a dos velas

no tener dinero
sobrar
ser fácil
ser una situación ventajosa o perjudicial según se mire
estar de broma, divertirse
estar despistado, no prestar atención
ser una persona que a menudo trae malas noticias
estar muy delgado

15 **Construye oraciones impersonales. Si es necesario, consulta la ficha gramatical que has estudiado en la lección.**

1. Decir / que el euro es un gran avance.
   ► _____
2. Contar / la historia de un pescador que se ahogó.
   ► _____
   _____
3. Pensar / que no es bueno cenar mucho.
   ► _____
4. Creer / que es peligroso viajar en avión.
   ► _____
5. Saber / que ese director ganó el premio.
   ► _____
6. Hablar / sobre el accidente de tren.
   ► _____
7. Opinar / que la paz se ha conseguido.
   ► _____
8. Ir / al cine de vez en cuando.
   ► _____
9. Correr / si le persigue un león.
   ► _____
10. Alegrarse / si te toca la lotería.
    ► _____

16 **Convierte los siguientes titulares de noticias en otros que contengan una estructura impersonal.**

1. Manolo y su mujer han descubierto unas ruinas romanas cerca de la parroquia de su pueblo.
   ▶ _____

2. En mi pueblo no podemos ducharnos por culpa de la sequía.
   ▶ _____

3. Dos compañeras mías han escrito una tesis doctoral sobre el fin del mundo.
   ▶ _____

4. Los toreros reclaman un plus de peligrosidad.
   ▶ _____

5. Los seguidores de ese equipo de fútbol han decidido no pagar más por renovar su carné.
   ▶ _____

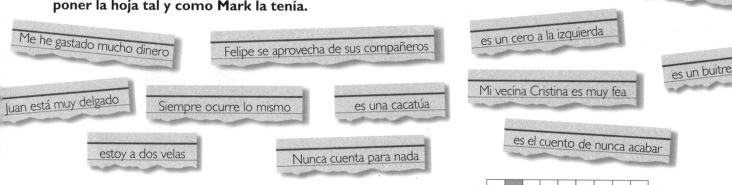

17 **El hermano pequeño de Mark le ha roto una hoja de apuntes que contenía algunas de las expresiones que has visto en clase. Trata de ordenar los pedazos para recomponer la hoja tal y como Mark la tenía.**

está como un fideo

Me he gastado mucho dinero

Felipe se aprovecha de sus compañeros

es un cero a la izquierda

es un buitre

Juan está muy delgado

Siempre ocurre lo mismo

es una cacatúa

Mi vecina Cristina es muy fea

estoy a dos velas

Nunca cuenta para nada

es el cuento de nunca acabar

18 **Completa el crucigrama de acuerdo con las frases que te presentamos abajo. En la columna sombreada aparecerá un mensaje secreto. ¡Descúbrelo!**

1. Da gusto hablar con Jaime, es una persona muy ....

2. Siempre comparte todo lo que tiene; es muy ....

3. Ya estaba .... de esperarte.

4. Este poema me resulta muy ....; me recuerda mi infancia.

5. Fueron unos meses muy ....

6. Cuidado con María, es una persona muy .... y estas fotos son muy violentas.

7. No hay quien aguante más de cinco minutos hablando con él, ¡qué carácter más ....!

8. Me he comprado una camisa ...., el color de la esperanza.

9. Esta paella está muy ...., creo que cuando termine voy a repetir.

10. Este asado está muy ....

11. Mi osito de peluche es ....

12. Volver todos los años a mi pueblo resultaba muy ....

13. Ya estoy ...., así que podemos marcharnos.

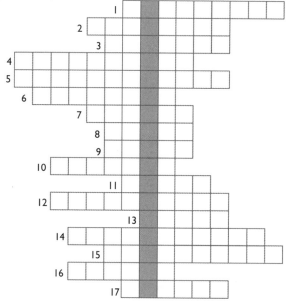

14. Este jersey blanco se me ha quedado .... con el paso del tiempo.

15. Se ha comprado un vestido .... y por poco dinero.

16. Este pescado es de hoy, se nota que está muy ....

17. Si has llegado hasta aquí es que eres doblemente ....

19 **Señala la opción correcta.**

1. Tú *eres* / *estás* como una cabra.

2. El examen ha *sido* / *estado* coser y cantar.

3. Carmen siempre *es* / *está* en Babia.

4. Ha engordado muchísimo; *es* / *está* hecha una foca.

5. Tiene miedo de todo y de todos; *es* / *está* un gallina.

6. No entiende nada de nada; *es* / *está* un burro.

7. Ha llovido muchísimo y *soy* / *estoy* como una sopa.

8. Siempre tiene los mismos problemas, su vida *es* / *está* el cuento de nunca acabar.

9. No tiene coraje; siempre ha *sido* / *estado* un cero a la izquierda.

10. Siempre trabaja y trabaja; *es* / *está* hecho una hormiguita.

20 **Fíjate en la descripción que hace el enamorado Don Quijote de su amada Dulcinea, e intenta hacer tú una descripción de ella más cercana a nuestro tiempo.**

Yo no podré afirmar si la dulce mi enemiga gusta, o no, de que el mundo sepa que yo la sirvo; solo sé decir, respondiendo a lo que con tanto comedimiento se me pide, que su nombre es Dulcinea; su patria, el Toboso, un lugar de la Mancha; su calidad, por lo menos, ha de ser de princesa, pues es reina y señora mía; su hermosura, sobrehumana, pues en ella se vienen a hacer verdaderos todos los imposibles y quiméricos atributos de belleza que los poetas dan a sus damas: que sus cabellos son oro, su frente campos elíseos, sus cejas arcos del cielo, sus ojos soles, sus mejillas rosas, sus labios corales, perlas sus dientes, alabastro su cuello, mármol su pecho, marfil sus manos, su blancura nieve, y las partes que a la vista humana encubrió la honestidad son tales, según yo pienso y entiendo, que solo la discreta consideración puede encarecerlas, y no compararlas.

Miguel de Cervantes, *El ingenioso hidalgo Don Quijote de la Mancha.*

21 **Lee atentamente este otro fragmento de la obra de Cervantes.**

Servía en la venta, asimismo, una moza asturiana, ancha de cara, llana de cogote, de nariz roma, del un ojo tuerta y del otro no muy sana. Verdad es que la gallardía del cuerpo suplía las demás faltas: no tenía siete palmos de los pies a la cabeza, y las espaldas, que algún tanto le cargaban, la hacían mirar al suelo más de lo que ella quisiera.

Miguel de Cervantes, *El ingenioso hidalgo Don Quijote de la Mancha.*

¿Qué diferencias encuentras entre esta descripción y la de Dulcinea? ¿Cómo describirías a esta moza asturiana?

_____

_____

_____

_____

_____

22 **Corrige los errores de uso de *b* / *v* que encuentres en las frases.**

I. Era imposivle visitar el piso, estava horrible, no se podía ni entrar.

2. Avundan ofertas de trabajo en las que piden movilidad de los candidatos.

3. El ejemplar de la Biblia más vuscado se bendió en 72.000 €, una octaba parte de lo que pedían por el cuadro de Velázquez.

4. Te adbierto de que invertir en volsa puede ser un arma de doble filo.

5. Havla con la dependienta y cuéntale que la vata estava manchada.

6. Havía nuves y al final de la tarde se lebantó biento.

7. Anduvo perdido todo el día hasta que adbirtió las señales del equipo de rescate.

8. La baca es hervíbora y la bívora no.

9. El bicepresidente de mi empresa ha dimitido hace dos días.

10. A beces se sentía abrumado y avurrido.

23 **Completa con *b* / *v* según corresponda.**

1.

I. El fontanero tu_o que cambiar el tu_o porque estaba oxidado.

2. El espía no quiso re_elar su secreto pero se re_eló contra su organización.

3. No apagues hasta que hier_a y después cortas la hier_a.

4. La _aya es un fruto jugoso.

5. _aya a ver la _alla publicitaria que han puesto. Es increíble.

6. Tiene una medalla gra_ada con el nombre de un chico, ¿será su novio?

7. Desde esa montaña se divisa un _asto valle.

8. El ca_o de Palos fue mi única respuesta errónea en el examen de ayer.

9. Recuerdo ese hotel porque desde nuestra ventana se veía un _ello paisaje.

10. No nos con_ino irnos después de comer.

2.

> Era una noche de prima_era, silenciosa y fragante. El aire agita_a las ramas de los ár_oles con _lando mo_imien-to, y la luna ilumina_a por un instante la som_ra y el mis-terio de los follajes. Sentíase pasar por el jardín un largo estremecimiento y luego todo queda_a en esa amorosa paz de las noches serenas. En el azul profundo tem_la_an las estrellas, y la quietud del jardín parecía mayor que la quietud del cielo. A lo lejos, el mar misterioso y ondulante exhala_a su eterna queja. Las dormidas olas fosforescían al pasar zum_ando los delfines, y una _ela latina cruza_a el horizonte _ajo la luna pálida.
>
> Ramón M.ª del Valle Inclán, *Sonata de primavera.*

24 Busca en la sopa de letras los diez adjetivos que corresponden a las siguientes definiciones.

- Que produce deseo de comer.
- Que lleva una forma de vida libre y poco disciplinada.
- Que se considera propio de una persona muy inteligente o con gran capacidad para crear o inventar cosas nuevas y admirables.
- Que tiene una cara agradable.
- Que entiende con facilidad o rapidez (fem.).
- Que llama mucho la atención.
- Que miente o tiende a mentir mucho.
- Que es capaz de sentir física o espiritualmente.
- Del color de la nieve, la leche o la luz del sol sin descomponer.
- Que tiene poca sal.

M	S	H	L	A	O	S	O	S
R	E	O	I	M	E	H	O	B
E	N	N	S	I	M	P	L	L
O	S	O	T	I	T	E	P	A
I	I	B	A	I	A	S	P	N
C	B	O	N	I	R	A	L	C
U	L	V	N	O	K	O	Ñ	O
G	E	N	I	A	L	P	S	A
S	A	P	E	G	U	A	P	O
O	V	I	T	A	M	A	L	L

25 Completa la siguiente tabla con las letras *v*, *h* y *b* correspondientes. Construye frases en donde aparezcan todas las palabras posibles.

		O	L	A
		A	S	E
	C	A		O
		O	T	A
		A		E
		A		A
		A		O
		I		A
		A	Y	A

El pobre chico de este modo burlado se llamaba Luisito Cadalso, y era bastante mezquino de talla, corto de alientos, descolorido, como de ocho años, quizá de diez, tan tímido que esquivaba la amistad de sus compañeros, temeroso de las bromas de algunos, y sintiéndose sin bríos para devolverlas. Siempre fue el menos arrojado en las travesuras, el más bobo y torpe en los juegos, y el más formalito en clase, aunque uno de los menos aventajados, quizá porque su propio encogimiento le impidiera decir bien lo que sabía o disimular lo que ignoraba. (...) Cadalsito estaba en el comedor, sentado a la mesa, los codos sobre ella, los libros delante. Estos eran tantos, que el escolar se sentía orgulloso de ponerlos en fila, y parecía que les pasaba revista, como un general a sus unidades tácticas. Estaban los infelices tan estropeados, cual si hubieran servido de proyectiles en furiosos combates, las hojas retorcidas, los picos de las cubiertas doblados o rotos, la pasta con pegajosa mugre. (...) Este cogía uno cualquiera a la suerte, a ver lo que salía. ¡Contro, siempre salía la condenada Gramática! Abríala con prevención y veía las letras hormiguear sobre el papel iluminado por la luz de la lámpara colgante. Parecían mosquitos, revoloteando en un rayo de sol. Cadalso leía algunos renglones. "¿Qué es adverbio?" Las letras de la respuesta eran las que se habían propuesto no dejarse leer, corriendo y saltando de una imagen a otra. Total, que el adverbio debía de ser una cosa muy buena, pero Cadalsito no lograba enterarse de ello claramente.

Benito Pérez Galdós, *Miau*.

1. Resume la personalidad y la apariencia física de Cadalsito.

_____

_____

_____

_____

_____

_____

_____

_____

2. Por lo que nos dice el fragmento de Galdós, podemos imaginar a muchos de los compañeros de clase del protagonista pensando de él que es *un gallina*. ¿Sabrías explicar el significado de esta expresión? ¿Era la gramática para nuestro protagonista *pan comido*?

_____

_____

_____

_____

_____

_____

_____

27 **¿Qué quiere decir…? Elige la opción correcta.**

1) Estás cansado de tu jefe:

a) que tu jefe pesa mucho;

b) que tienes que hacer más ejercicios para ponerte en forma;

c) que tu jefe es un "petardo" y que ya no lo aguantas más.

2) Estás constipado:

a) que tienes un problema intestinal;

b) que tienes gripe;

c) que te has consternado por algo.

3) Estar cautivado por alguien:

a) estar enamorado de una persona;

b) ser muy cauto en las respuestas;

c) estar cautivo o preso en una cárcel.

4) Ser partidario de:

a) estar a favor de algo o de alguien;

b) ser de un partido político;

c) jugar un buen partido.

5) Ser un interesado:

a) ser interesante;

b) ser tacaño, agarrado como el chotis;

c) tener interés.

6) Mi abuelo está estupendo:

a) es muy bueno;

b) está contento;

c) está muy bien de salud.

7) A estas alturas ya está vestido:

a) sus vestidos son fantásticos;

b) no necesita más ropa;

c) siempre compra mucha ropa.

8) Es un asunto bastante delicado:

a) es un tema de salud;

b) es un tema para personas frágiles o delgadas;

c) es un tema difícil.

9) Es una niña poco despierta:

a) que duerme constantemente;

b) que se despierta poco;

c) que es torpe.

10) Los plazos están cerrados:

a) se ha terminado el tiempo;

b) los parques y plazas están en obras;

c) no se puede estar en esos lugares.

11) María no está lista:

a) no está preparada;

b) no aparece en la lista de estudiantes;

c) no es nada inteligente.

12) ¡Está estupendo hoy!:

a) está muy guapo hoy;

b) hoy no está enfermo;

c) está despistado.

13) ¡Qué rica es la niña!:

a) es una niña muy simpática;

b) tiene mucho dinero;

c) está para comérsela.

14) Está molesto sin Juan:

a) está enfadado porque no ha venido Juan;

b) está malo porque no ha venido Juan;

c) le ha dicho Juan que está mal.

15) Nunca está atento por la tarde:

a) está distraído;

b) siempre está contento por la tarde;

c) por la tarde está cerrado.

16) Estuvo inconsciente dos horas:

a) perdió el sentido durante dos horas;

b) fue irresponsable durante dos horas;

c) reflexionó el asunto durante dos horas.

17) En esa reunión estuve violenta:

a) en esa reunión hubo peleas;

b) me enfadaron en esa reunión;

c) en esa reunión no estaba cómoda.

Lee estas frases y señala la opción adecuada.

1) ¿Te has visto como vienes? ¡Pero si estás como una sopa!:
   a) vienes del súper con una bolsa de fideos;
   b) vienes completamente mojado;
   c) vienes sin comer, muy delgado.

6) Está a dos velas:
   a) no tiene luz eléctrica en su casa;
   b) le han comprado dos velas para su tarta de cumpleaños;
   c) no tiene ni un duro.

2) Tiene de lince lo que yo de torero:
   a) le gustan los linces;
   b) le gustan los toros;
   c) no es nada inteligente.

7) En esa fiesta estás de más:
   a) en esa fiesta hay mucha gente;
   b) hacen falta más fiestas como esa;
   c) no debes ir a esa fiesta.

3) No es pan comido:
   a) el pan está duro, pero se puede comer;
   b) no he comido pan;
   c) no es fácil.

8) Ser un arma de doble filo:
   a) comprarse un arma de buena calidad;
   b) ser un asunto peliagudo;
   c) aparcar el coche en doble fila.

4) No pinta nada, es un cero a la izquierda:
   a) es un pintor mediocre;
   b) no es nadie;
   c) es profesor de matemáticas.

9) ¡Esto es el cuento de nunca acabar!:
   a) siempre estamos con lo mismo;
   b) no me acuerdo del final del cuento;
   c) mi abuelo me contaba cuentos muy largos.

5) Está hecho un toro:
   a) ha dibujado un toro;
   b) es muy fuerte;
   c) hay que ser fuerte para torear.

10) Es una hormiguita:
   a) es muy bajo de estatura;
   b) estudia los insectos;
   c) es una persona muy trabajadora.

Cuatro personajes y un cadáver. Lee el texto.

Marta, la señora de la limpieza, es un poco cotilla, aunque muy trabajadora. Comienza su turno a las seis de la mañana y termina a las tres de la tarde. Tiene una pausa de 9:00 a 9:30 para tomar un café con Óscar y de 12:30 a 13:00 para comer un poco. No fuma. Charla con todo el mundo. Hoy, a las nueve menos cinco, cuando estaba preparándose para su primera pausa, ha oído jaleo en el despacho del Sr. López Gutiérrez. Vio salir a la señorita nueva roja de ira, pero está totalmente segura de que no ha sonado ningún disparo.

El Sr. Valle Díaz es el comisario jefe de la oficina de Gran Vía, 32. Es muy dominante, agresivo, histérico… Todo el mundo lo odia, especialmente la señorita Alonso Mateos, por un antiguo asunto de faldas. Anda investigando algo relacionado con drogas, aunque es muy cauteloso al respecto. Nadie confía en él, y él tampoco en nadie, pero encargó al Sr. López Gutiérrez, el inspector de zona, que mirara en los archivos de Interpol para localizar a los traficantes. La señora de la limpieza lo pone frenético.

La Srta. Alonso Mateos es de Asuntos Internos y lleva unos días en la oficina investigando supuestas conexiones de la policía con el asunto de las drogas. Es fría, calculadora y muy cerebral, aunque terriblemente atractiva, lo que le ha provocado más de un problema con sus compañeros. Acusó al Sr. López Gutiérrez de "machista" hace dos días escasos.

El Sr. Peñalver Sanz, subteniente informático, lleva años rastreando Internet tratando de localizar pistas sobre las drogas. Se lleva muy bien con todo el mundo, especialmente con Marta, pero está machacado por su jefe, que lo asedia continuamente dándole trabajo extra. Como es tan bueno, nunca dice nada, aunque ayer tuvo una pequeña discusión con el Sr. López Gutiérrez porque este le dijo algo subido de tono a Marta.

El Sr. López Gutiérrez es el muerto. Aún no se le ha practicado la autopsia, pero todos los indicios apuntan a que murió esa misma mañana.

Casualmente, un periodista de *La Gaceta de La Mota* iba hoy a entrevistar al Sr. Peñalver sobre los ciberdelitos y los piratas informáticos cuando se encontró con el cadáver, que tenía un disparo en el cuello.

Tu tarea consiste en redactar:
   a) el informe de la comisaría;
   b) el informe de la Srta. Alonso como responsable de Asuntos Internos;
   c) los titulares y las noticias que aparecerán en *La Gaceta de La Mota*.

No olvides utilizar las construcciones pasivas e impersonales que has estudiado en la lección.

Como decíamos ayer...

2

1 **Completa el siguiente texto con los tiempos adecuados del pasado.**

Una joven *(soñar)* ……… una noche que *(caminar)* ……… por un extraño sendero que *(ascender)* ……… por una colina cuya cima *(estar)* ……… coronada por una hermosa casita blanca, rodeada de un jardín. Incapaz de ocultar su placer, *(llamar)* ……… a la puerta de la casa, que finalmente fue abierta por un hombre muy, muy anciano, con una larga barba blanca. En el momento en que ella *(empezar)* ……… a hablarle, *(despertarse)* ……… Todos los detalles de este sueño *(permanecer)* ……… tan grabados en su memoria que por espacio de varios días no *(poder)* ……… pensar en otra cosa. Después *(volver)* ……… a tener el sueño en tres noches sucesivas. Y siempre *(despertarse)* ……… en el instante en que *(ir)* ……… a empezar su conversación con el anciano.

Pocas semanas más tarde la joven *(dirigirse)* ……… en automóvil a una ciudad donde *(darse)* ……… una fiesta de fin de semana. De pronto *(tironear)* ……… la manga del conductor y le *(pedir)* ……… que detuviera el automóvil. Allí, a la derecha del camino, *(estar)* ……… el sendero de su sueño.

—Espéreme un momento –*(suplicar)* ………–, y *(echar)* ……… a andar por el sendero, con el corazón latiéndole alocadamente. Ya no *(sentirse)* ……… sorprendida cuando el caminito *(subir)* ……… enroscándose hasta la cima de la colina y la *(dejar)* ……… ante la casa cuyos detalles *(recordar)* ……… ahora con tanta precisión. El mismo anciano del sueño *(responder)* ……… a su impaciente llamada.

—Dígame –*(decir)* ……… ella–, ¿se vende esta casa?

—Sí –*(responder)* ……… el hombre–, pero no le aconsejo que la compre. ¡Esta casa está frecuentada por un fantasma!

—Un fantasma –*(repetir)* ……… la muchacha–. ¡Santo Dios! ¿Y quién es?

—Usted –*(decir)* ……… el anciano, y *(cerrar)* ……… suavemente la puerta.

Anónimo adaptado y recogido en *El libro de la imaginación.*

2 **Sustituye el infinitivo por la forma adecuada del pasado.**

1. Cuando *(darnos)* ………… cuenta, *(desaparecer)* ………… de la mesa las cosas más ricas.

2. ¿No *(decidir, nosotros)* ………… que *(ser)* ………… mejor guardar el secreto hasta el día de su cumpleaños?

3. *(Ser)* ………… las siete de la tarde y todavía no había anochecido.

4. Siempre *(repetirse)* ………… la misma historia: después de que su padre *(irse)* …………todos *(empezar)* ………… a hacer lo que les *(dar)* ………… la gana.

5. *(Ir, él)* ………… a pedir aquel trabajo y a la media hora ya se lo *(conceder)* …………

6. ¿No *(llamar, tú)* ………… ahora mismo por teléfono? ¿Por qué vuelves a llamar tan pronto?

7. –¿Qué *(parecerte)* ………… la película?

–Está muy bien, ya la *(ver, yo)* ………… hacía tiempo pero no me *(acordar)* …………, por eso *(ir, yo)* ………… anoche a verla.

8. Ya *(recibir, ellos)* ………… la noticia cuando yo *(entrar)* ………… a dársela como una sorpresa.

9. *(Quedar, nosotros)* ………… en salir cuanto antes de excursión y no *(presentarse)* ………… nadie a la hora fijada.

10. No me negarás que ya te lo *(advertir)* ………… y todo *(ocurrir)* ………… como yo te lo *(anunciar)* …………

3 **Construye un texto con sentido con los datos que te ofrecemos a continuación.**

▶ **Nombre:** Ana María Gómez.

▶ **Año de nacimiento:** 1869.

▶ **1889:** matrimonio con Ángel López, empleado de banca.

▶ **1890:** nace su hijo Alberto; llorón.

▶ **1892:** nace su hija Pilar; varicela.

▶ **1892:** empieza a trabajar en una farmacia; nombre del dueño: Javier Álvarez.

▶ **1904:** Alberto acaba sus estudios de primaria; nota media: sobresaliente.

▶ **1905:** asiste a clases nocturnas, su marido hace horas extras.

▶ **1908:** acaba sus estudios, es ascendida en su trabajo.

▶ **1909:** se matricula en la universidad; única mujer.

▶ **1914:** finaliza sus estudios de farmacia; su jefe le propone traspasarle el negocio.

▶ **1916:** muere su jefe, viudo, sin hijos.

▶ **1918:** Ángel entra a trabajar en la farmacia.

▶ **1919:** Ana María crea un perfume que se pone de moda.

▶ **1921:** abre un segundo establecimiento.

▶ **1959:** muere dejando una de las cadenas de perfumerías más importantes del mundo.

4 **Elimina la palabra que no corresponda.**

- carretera, raíles, carril-bici, paseo
- motocicleta, autobús, coche, avión
- cinturón, maletero, casco, salvavidas
- acera, recta, glorieta, curva
- piloto, capitán, conductor, ingeniero

5 **Sustituye el infinitivo por una forma adecuada del pasado.**

1. Yo te *(preparar)* .... tu plato favorito y tú ya *(cenar)* ....

2. *(Soñar, yo)* .... tantas veces con aquel momento y todo *(desarrollarse)* .... de la manera menos esperada.

3. *(Estar, yo)* .... seguro de que iba a ganar porque *(entrenar)* .... a fondo.

4. Nunca *(ver, yo)* .... una cosa así hasta llegar aquí.

5. En aquel instante no *(pensar, nosotros)* .... que el problema fuera tan importante como *(poder)* .... comprobar.

6. Dos días antes de su aniversario ya *(comprar)* .... todo lo necesario para la fiesta que iban a celebrar.

7. El año pasado, a estas alturas del invierno *(nevar)* .... mucho más.

8. –¿Te *(comprar)* .... ya el traje para la cena con el presidente?
   –Sí, lo *(comprar)* .... ayer y no me *(costar)* .... muy caro.

9. Todos los días *(tener)* .... que fregar yo misma la vajilla completa hasta que me *(cansar)* .... y me *(comprar)* .... un lavavajillas.

10. Cuando era niña no me *(gustar)* .... las lentejas ni las judías.

6 **Relaciona las dos columnas.**

tren	bonobús
avión	billete
metro	tarjeta de embarque
autobús	pasaje
barco	metrobús

7 **Las partes de la oración se han agrupado según su categoría. Reconstruye la historia en pasado añadiendo todas las palabras que se te ocurran.**

- **Artículos:** el, la, los…
- **Sustantivos:** tarde, noche, taller, mecánico, avería, carretera, pueblo, joven, dinero, conversación, pensión, comida, ayuda, calor, viaje…
- **Adjetivos:** bonita, calurosa, importante, pequeño, agradable, largo…
- **Verbos:** ver, llevar, volver, hacer, descansar, ser, estar, arreglar, dormir, esperar…
- **Pronombres:** yo, él, se, le, lo, que, ella…
- **Adverbios:** ahora, enseguida, casi nunca, allí, cerca…
- **Preposiciones:** a, hacia, en, de, con, por, desde, para, por…
- **Conjunciones:** que, o…

8 **Coloca el verbo entre paréntesis en el tiempo adecuado.**

Eva *(querer)* .... comprar una nueva televisión, pero no una televisión cualquiera; *(querer)* .... una de esas con pantalla panorámica de la que tanto le *(hablar)* .... sus amigos. Estos la *(animar)* .... mucho y le *(decir)* .... que por lo menos fuera a preguntar. *(Pensar)* .... que entonces podría ver sus películas favoritas casi como en el cine.

Un buen día se *(decidir)* .... y *(ir)* .... a la tienda de electrodomésticos que *(estar)* .... al final de la calle. *(Mirar)* .... por el escaparate, *(entrar)* .... y *(preguntar)* .... al dependiente que en ese momento no *(estar)* .... haciendo nada.

—Buenas tardes.

—Buenas tardes, ¿qué desea?

—*(Querer)* .... preguntarle los precios de esos televisores con pantalla panorámica que tienen ahí.

El dependiente le *(decir)* .... el precio exacto y Eva, del susto, *(echarse)* .... a reír sin parar. No *(poder)* .... creer lo que *(oír)* .... La televisión le *(ir)* .... a costar el sueldo de un mes o dos y no se lo *(poder)* .... permitir.

Eva *(volver)* .... a casa un poco triste y *(pensar)* .... que lo mejor sería conformarse con la tele que *(tener)* ...., por ahora. *(Arreglarse)* .... y *(salir)* .... decidida a disfrutar de una estupenda película en su cine favorito.

9 Sustituye los infinitivos por la forma adecuada del pasado.

1. Cuando *(vivir, nosotros)* .... en Cuenca *(tener, yo)* .... una amiga del alma que *(llamarse)* .... Elvira. Todos los días *(ir)* .... juntas al colegio y después *(volver)* .... a casa para hacer la tarea.

2. Ayer, por fin, *(terminar, yo)* .... la novela que me *(dejar, tú)* .... Era tan interesante que la *(leer)* .... en una semana.

3. El nuevo vecino de mi edificio *(llegar)* .... la semana pasada, pero todavía no lo *(conocer)* .... Ángela, mi otra vecina, me *(decir)* .... que parece muy simpático.

4. Mis abuelos *(casarse)* .... muy jóvenes. Ella *(ser)* .... alta, morena, muy delgada, y en la foto de boda *(tener)* .... una expresión de felicidad que *(iluminar)* .... toda la imagen.

5. En la antigua empresa nosotros *(pertenecer)* .... a la sección 3, pero cuando llegó el nuevo dueño nos *(trasladar)* .... a la sección 2 y nos *(decir)* .... que habría algunos cambios.

10 Pon en pasado las siguientes frases.

Ej.: *Siempre que se me ocurre una idea, Enrique ya la ha tenido antes.*

Siempre que se me ocurría una idea, Enrique ya la había tenido antes.

1. Cuando salgo del trabajo y quiero ir a comprar, ya han cerrado las tiendas.

► _____

2. Cada vez que quiero comprar buenas entradas para el teatro, otras personas las han sacado antes.

► _____

3. Sus primos están de vacaciones en Canadá; los míos han estado en Italia.

► _____

4. Mi médico tiene consulta hasta las dos; los demás la han tenido hasta las doce.

► _____

5. Siempre que nos decidimos a hacer una excursión, ellos ya han pensado hacer otra cosa.

► _____

6. Cuando veo la oferta de algún piso en el periódico, ya lo han vendido.

► _____

7. Cada vez que veo una película, ya la han sacado en vídeo.

► _____

8. Yo voy a la playa por la tarde; ellos han ido por la mañana.

► _____

9. Cuando empiezas tus exámenes finales yo he terminado los míos.

► _____

10. Siempre que voy al parque los sábados por la tarde han salido flores nuevas.

► _____

11 A partir de las fotografías que te damos imagina una situación y completa las frases.

1. Se preocupaba por las matemáticas ... / Se preocupó por las matemáticas...

► _____

► _____

2. Escribía poesía… / Escribió poesía…

  ▶ _____

  ▶ _____

3. Llamaba a Pedro… / Llamó a Pedro…

  ▶ _____

  ▶ _____

4. Pensó en casarse… / Pensaba en casarse…

  ▶ _____

  ▶ _____

12 **Esto es lo que hace Silvia habitualmente. Pon las frases en pasado.**

  I. Va a clase de inglés de lunes a viernes, tres horas a la semana.

  ▶ _____

  2. Ve películas de terror de vez en cuando.

  ▶ _____

  3. Le gusta pasear por el parque cuando cae la tarde.

  ▶ _____

  4. Desayuna en la cafetería de la universidad.

  ▶ _____

  5. Practica natación cuando tiene tiempo libre.

  ▶ _____

Haz los cambios necesarios y construye las frases con el verbo en indefinido.

13 **Completa.**

  I. Durante todo el curso _____

  2. Desde hace dos años _____

  3. Anoche llegué a casa _____

  4. Mi hermano tardó _____

  5. Desde hace tres semanas _____

  6. Llevo viviendo en _____

  7. El cursillo de cocina duró _____

  8. Hace dos días _____

  9. Durante algunos días _____

  10. Tardamos _____

14 **Elige la opción correcta.**

  I. Cuando *era* / *fui* joven y *estuve* / *estaba* deprimida *salí* / *salía* y me *compré* / *compraba* algo para sentirme mejor.

  2. A las tres de la tarde Sergio ya *terminaba* / *había terminado* las clases.

  3. El viaje en avión a Mallorca *tardó* / *tardaba* / *duró* / *duraba* menos de una hora.

  4. El equipo médico *duró* / *tardó* / *duraba* / *tardaba* tres horas en realizar la difícil operación.

  5. *Estaba* / *estuvo* practicando para el concierto seis meses enteros.

15 **Lee atentamente este cuento breve.**

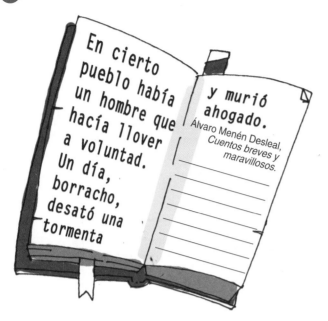

En cierto pueblo había un hombre que hacía llover a voluntad. Un día, borracho, desató una tormenta

y murió ahogado.

Álvaro Menén Desleal,
Cuentos breves y maravillosos.

Es breve, preciso y cuenta una historia en pasado, ordenada y con sentido. Intenta hacer tú algo parecido.

16 **Busca el sustantivo que mejor se adapte a las siguientes definiciones.**

1. Forma parte del cristal delantero de los coches, autobuses y camiones, y sirve para limpiarlo cuando llueve.
2. Es el camino por el que transitan los trenes.
3. Es la parte de los aviones que los asemeja a un pájaro.
4. Es la parte que ocupan los conductores de los camiones.
5. Se accionan con los pies para mover la bicicleta.
6. Lo llevan las bicicletas y no sirve para llamar a la puerta.

17 **Quizás no sepas para qué sirven algunos de los siguientes utensilios, pero el nombre puede darte una idea. Antes de buscar su significado en el diccionario, intenta inventar una definición para cada uno de ellos.**

sacacorchos

molinillo

colador

manga pastelera

salvamanteles

18 Coloca el acento ortográfico en las palabras que lo necesiten.

1. El cliente numero cien del supermercado recibio un magnifico regalo.
2. Los estudiantes de los cursos de español iran mañana de excursion a Zaragoza.
3. Los arboles pierden sus hojas cuando llega el otoño y llenan de melancolia el alma de las personas sensibles.
4. La compañia aerea ha declarado una huelga indefinida.
5. El cantante de opera consiguio un exito sin precedentes en el estreno de la obra.

19 Pon el acento ortográfico en las palabras que lo necesiten.

▶ ¿Como esta Pedro?
▶ Creo que vendra mañana a trabajar, pero no se si estara recuperado de su enfermedad.

• ¿Te apetece ir al cine?
• Si, estupendo, ¿podemos llamar tambien a Luis?
• A el y a alguien mas.
• Muy bien, asi lo pasaremos mejor.

⇨ ¡Oye, tu!
⇨ ¿Es a mi?
⇨ No, a ti no, a ese.
⇨ Ah, creia.

✓ No me gusta que la abuela les de a los niños tantos caramelos antes de comer.
✓ Dejala, solo los puede ver una vez al mes y quiere ser amable con ellos.

◆ ¿Vas a ir solo de vacaciones?
◆ Aun no lo se, pero lo estoy pensando.

20 Completa el siguiente laberinto silábico. Tienes que buscar la palabra a la que se refiere la definición y colocar una sílaba en cada cuadro. La última sílaba de la definición anterior es la primera de la siguiente.

1. Máquina que sirve para conservar fríos los alimentos y las bebidas.
2. 2.ª persona del singular del imperfecto de indicativo del verbo *correr*.
3. Máquina que sirve para aspirar el polvo u otras cosas del suelo o de los muebles (femenino).
4. 3.ª persona del singular del pretérito indefinido del verbo *razonar*.
5. Obra literaria que cuenta una historia real o imaginaria, normalmente de forma extensa.
6. Máquina eléctrica que sirve para lavar la ropa.
7. Instrumento de cocina formado por una chapa de metal con agujeros que sirve para deshacer ciertos alimentos en partes muy pequeñas.
8. Conciliar el sueño; perder el cuidado, la atención, el interés.
9. 3.ª persona del singular del imperfecto de indicativo del verbo *separar*.
10. Instrumento de cocina que tiene un brazo con una pieza que corta al girar.

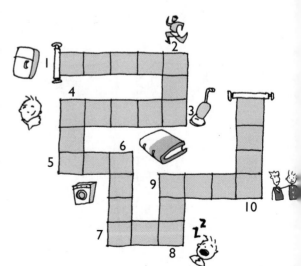

21 **Completa las siguientes frases con el léxico de cocina y transportes que has aprendido en la lección.**

1. Esta mañana he cogido un .... para ir a visitar a mi hermana al centro de la ciudad.

2. El arroz a la cubana siempre lo hago en esta ....

3. Voy a sacar las .... para que podamos brindar por tu ascenso en el trabajo.

4. Tengo que comprar una .... nueva para la cocina vitrocerámica.

5. La semana pasada me robaron el .... y la policía lo ha encontrado con las .... pinchadas.

6. No he comprado mi .... este mes porque tengo que hacer muy pocos viajes y no merece la pena.

7. Mételo cinco minutos en el .... y estará listo para comer.

8. Me encanta comer el pan recién salido del ....

9. Tengo que fregar los .... que hemos utilizado para la comida de hoy.

10. El .... es el medio de transporte más seguro.

22 **Sustituye el verbo *empezar* por *ponerse* o *echar(se)*. En algunos casos puede haber más de una posibilidad.**

1. Era tarde. Fuera estaba nevando y en cuanto salimos de la cabaña *empecé* a temblar de frío.

2. Había estado ocupada y hacía semanas que no se comunicaba con nadie de su familia, así que, sin dejarlo para más tarde, *empezó* a escribir unas cuantas cartas.

3. Todo el fin de semana ha hecho un sol estupendo y hoy lunes, de repente, *ha empezado* a llover muy fuerte.

4. La semana pasada, mientras paseábamos, encontramos una paloma a un lado del camino. La cuidamos durante una semana y cuando menos lo esperábamos *empezó* a volar.

5. Nunca estaba contento con lo que hacía y cada poco tiempo dejaba un empleo y *empezaba* a trabajar en otro, hasta que por fin encontró lo que buscaba.

23 **Busca un contexto adecuado para las siguientes frases.**

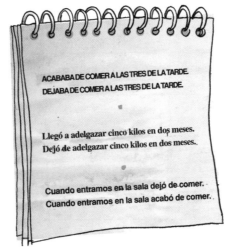

ACABABA DE COMER A LAS TRES DE LA TARDE.
DEJABA DE COMER A LAS TRES DE LA TARDE.

Llegó a adelgazar cinco kilos en dos meses.
Dejó de adelgazar cinco kilos en dos meses.

Cuando entramos en la sala dejó de comer.
Cuando entramos en la sala acabó de comer.

24 **Relaciona las columnas y forma frases con sentido completo. Después construye una pequeña historia con todos los datos que tienes.**

1. Llegar a
2. Dejar de
3. Estar buscando
4. Ponerse a
5. Continuar haciendo
6. Empezar a
7. Ir aprendiendo
8. Echar a
9. Acabar de
10. Continuar estudiando

andar a los doce meses
ir al colegio
en el instituto e hizo el servicio militar
estudiar economía
trabajar en la empresa familiar
las cosas importantes de la vida
estudiar arte
un empleo a tiempo parcial
lo que más le gustaba
ser un artista famoso

25 **Completa las perífrasis.**

I. Cuando estábamos .... la película, se fue la luz y nos estropeó la tarde.

2. Nos echamos .... todos como locos, porque el chiste que contaron era muy bueno.

3. Últimamente, siempre que acabo ....

4. Vayan .... en la sala, que va a empezar el concierto.

5. En algún momento de su carrera llegó .... la guitarra como lo hacía su padre.

6. Siempre que estaba muy nerviosa se ponía .... ganchillo para relajarse.

7. No puedo aceptar tu invitación para beber algo en el bar porque acabo .... una aspirina.

8. Sigo .... que lo mejor que podías haber hecho era irte de vacaciones unos días.

9. Estudió tanto en su carrera universitaria que llegó .... el primero de su promoción.

10. Mis abuelos, después de cincuenta años de matrimonio, siguen .... tan enamorados como el primer día.

26 **Corrige los errores que encuentres en las siguientes frases.**

I. Estaba en Inglaterra durante dos meses.

▶ _____

2. Se echó a llover y no paró en toda la noche.

▶ _____

3. La semana pasada veía a Iñaki con un coche nuevo.

▶ _____

4. La conferencia en el auditorio tardó más de lo previsto y la gente empezó por molestarse.

▶ _____

5. Hace quince minutos que esperaba a que pase el tren.

▶ _____

6. Estoy viviendo en este piso desde tres meses.

▶ _____

7. Esta mañana compraba sellos en el estanco de la esquina.

▶ _____

8. La última vez que la vi llevó el pelo largo y rizado.

▶ _____

9. Hace un mes que terminaba de escribir su primera novela.

▶ _____

10. Anoche tenía una pesadilla horrible y me despertaba sobresaltada.

▶ _____

Lee estos textos.

1) El narrador

Ayer disfrutaba de mi cuarto día de vacaciones. Me había levantado temprano y había dado un paseo por la playa. La arena estaba completamente lisa, sin las molestas pisadas de los turistas; el mar estaba en calma; el viento, una suave brisa de levante, mecía las olas. A las 9 fui al chiringuito de Juan a tomarme un café con leche y un zumo de naranja fresquito mientras hojeaba mi diario preferido. Pronto comenzaron a llegar los primeros bañistas. Me llamó la atención un señor de unos cuarenta años, con unas gafas gruesas y aire despistado.

Seguí mi paseo, pero pronto me sentí agobiado por los turistas, especialmente por los niños y sus chillidos. Decidí alquilar una barca y dar una vueltecita por la bahía. El mar seguía en calma, aunque los gritos y el alboroto me habían puesto nervioso. Remé y remé, tratando de relajarme.

De repente, oí unos gritos que pedían socorro. A unos cincuenta metros de mí estaba el señor despistado, que había perdido las gafas y luchaba por liberarse de un pulpo que le había aprisionado la pierna derecha. No supe qué hacer, pero remé hacía allí lo más rápidamente que pude. El señor gritaba y gritaba. Traté de tranquilizarlo, pero su miedo lo atenazaba y corría el riesgo de ahogarse.

Al llegar a él lo agarré con fuerza de un brazo y comencé a golpear al pulpo con uno de los remos. El pulpo soltó su presa y el señor despistado se desplomó en el fondo de la barca. Cuando se recuperó del susto, me dio las gracias por mi acción. No tiene ningún mérito, lo que más me preocupa es que olvidé presentarme.

2) La víctima

Me tiemblan las piernas todavía. Todo ocurrió de repente. Había salido como todas las mañanas de verano a tomar mi baño. Vivo aquí desde hace tres años. Conseguí esto que ahora se llama "teletrabajo", y una multinacional me paga por meter datos en su sistema central. ¡Si supieran que me dedico a la natación por las mañanas...!

Tengo fama de despistado. La verdad es que se me está quedando cara de pantalla de 12,1 pulgadas y mi vista no es lo que era. Ahora uso unas gruesas gafas de quince dioptrías por lo menos (ya ni me acuerdo).

El caso es que no vi acercarse al animal. Nadaba tranquilamente, pensando en bytes y kilobytes, cuando sentí que algo me apretaba la pierna derecha. No sentí dolor, pero sí un frío espantoso y un miedo horrible. Traté de soltarme, pero el miedo me había paralizado. Solo logré emitir unos leves sonidos de desesperación. Mi salvador me dijo después que gritaba como un poseso. Solo recuerdo que me agarró del brazo y que comenzó a apalear al animal como un energúmeno. Cuando ya estaba en la barca le agradecí efusivamente que me hubiera salvado. ¿Dónde habré dejado las gafas? Buscaré en Internet, a ver si hay pulpos que las usan.

3) El pulpo

¡Menuda pierna! Era un señor gordote y algo miope, se le veía majete y simpático, y pensé que no protestaría si le daba un abrazo cariñoso. Me gusta tratar con amabilidad a los turistas.

Era una pierna rolliza, algo blancucha pero perfecta para mis intenciones de saludar al señor. Quería además bajarle el bañador para ver si se daba cuenta de que estaba ya muy pasado de moda, ¡por lo menos de hace tres temporadas! Los pulpos de esto sabemos mucho, y dice el alcalde que tenemos que cuidar el turismo entre todos.

De repente, una cosa larga, de madera, de vivos colores, con no sé qué marca en los lomos, me golpeó mi sexto brazo. ¡Vaya manera de saludar! La cosa no paraba, y yo no había terminado de saludar al señor simpático, por lo que seguí con mi abrazo. Pero la cosa no dejaba de darme golpes, con lo que desistí de cumplir las indicaciones del alcalde y solté al señor majete.

Me hubiera gustado saludar al señor de la cosa, que, por cierto, tenía mejor gusto con el bañador, pero creo que con estas gafas asusto a cualquiera.

1. Busca elementos narrativos y descriptivos en los tres textos, y determina qué predomina en cada uno de ellos.

2. Redacta ahora dos historias parecidas en las que aparezcan fragmentos narrativos y descriptivos. La primera será de tema libre. La segunda deberá girar en torno a uno de estos temas:

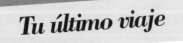

Tu último viaje

Tus aventuras de colegio

3. Intenta escribir tus historias con la misma triple perspectiva (o al menos doble) de la historia del pulpo.

Qué será, será

3

1 Transforma en pasado estas frases.

1. Renfe informa de que el tren que sale para Sevilla llegará a las siete horas.

▶ _____

2. La profesora dice que nos devolverá los exámenes corregidos el día 13.

▶ _____

3. Dice que le comprará un regalo para darle una sorpresa.

▶ _____

4. Creo que será divertido ir con él de viaje.

▶ _____

5. El médico le ha dicho que con el tiempo y con mucha paciencia dejará de comer tanto.

▶ _____

6. Tu madre dice que tarde o temprano tendrás que comprarte otro traje para ir a trabajar.

▶ _____

7. Estoy segura de que antes de las diez Manolo ya estará esperándonos en la entrada del teatro.

▶ _____

8. El alcalde piensa que el problema del tráfico no tendrá solución a corto plazo.

▶ _____

9. Según pone en el programa, en el recital de piano de esta tarde el solista tocará sus mejores composiciones.

▶ _____

10. Dice que se sacará el carné de conducir cuando ahorre algo de dinero.

▶ _____

2 ¿Qué habría pasado…? Escríbelo.

1. Si Caperucita Roja hubiera elegido el camino más largo.

2. Si Cenicienta no hubiera perdido el zapato.

3. Si Drácula tuviera caries.

4. Si la Bella Durmiente no se hubiera pinchado con la rueca.

5. Si Guillermo Tell hubiera disparado a una cereza.

6. Si la Pantera Rosa hubiera sido de otro color.

7. Si Obélix no se hubiera caído en la marmita.

8. Si Pipi Calzaslargas no tuviera poderes.

9. Si el Patito Feo hubiera seguido siendo feo.

10. Si el Coyote atrapara por fin al Correcaminos.

3 **Señala el valor que tiene el futuro en las siguientes frases.**

I. No han abierto las tiendas. Tendrán todavía horario de verano.

2. No encuentro mi cartera. Se me habrá olvidado en casa.

3. El mes que viene me compraré un nuevo equipo de música con la paga extra.

4. Cuando vayas a Moscú ya habrá pasado lo más duro del invierno.

5. Prepararás la comida y pondrás la mesa para cuando lleguen los invitados.

6. Habrá ganado mucho dinero como dentista, pero todavía sigue viviendo en el mismo piso.

7. Irás a la tienda de Beatriz y te comprarás una corbata nueva para la entrevista de trabajo.

8. Será muy simpático, pero se ha marchado de la fiesta sin decir adiós.

9. Mañana iré a matricularme en la escuela de danza.

10. No te preocupes por la ropa, que antes de ir a la universidad ya habré ido a recogerla a la tintorería.

4 **Completa las frases con los verbos siguientes.**

> estar - tratar - pasar - tener - costar - ser - publicar -
> referirse - cumplir - tratarse - llegar - dar

I. Me ha dicho que me voy a arrepentir de lo que le dije. ¿A qué ....? No recuerdo la conversación.

2. —Hoy es el cumpleaños del hermano de Silvia. ¿Tú sabes cuántos cumple?

—............ veintidós, porque es tres años menor que Silvia y ella cumplió veinticinco el mes pasado.

3. Le he dicho a Jaime que no tiene edad para leer ese libro porque no lo va a entender, y se ha quedado pensando de qué ....

4. —¿Han estrenado ya la última película de Disney?

—............ a punto de estrenarla, porque hay publicidad por toda la ciudad y además ahora son las fechas más adecuadas.

5. —¿Sabes en qué editorial se publicó el último libro de García Márquez?

—............ en la misma de siempre; creo que leí en alguna parte que había firmado un contrato bastante bueno con ella.

6. —¿Qué les .... a esos dos hoy, que no hacen otra cosa que pelearse?

—............ enfadados o enamorados.

7. —............ las once cuando salió de casa.

—¿Estás segura?

—No totalmente, pero me dijo que había salido cuando acabó su programa favorito de televisión y el programa terminó a las diez y media.

8. En la reunión todo el mundo pensaba lo contrario que yo. ¿............ ellos razón y yo me .... equivocando?

9. —¿............ Carmen ya al hotel?

—Sí, seguramente a estas horas .... descansando del largo viaje.

10. —He oído a la azafata diciéndole a un compañero suyo: "¡Devuélvemela!".

—¿Qué .... lo que le tiene que devolver?, ¿de qué ....?

11.—¡Voy a hacer limpieza y lo voy a tirar todo!

—¿Qué .... que tirar? Es muy raro, porque ella nunca tira nada, lo guarda todo aunque no sirva para nada.

12.—¿Sabes cuánto cuesta un traje de Versace?

—........... muy caro, como todos los de marca.

13.—¿Y tu hermano Alfredo?

—A esta hora .... de camino a la estación, tiene que hacer un viaje muy importante relacionado con su trabajo.

14.—¿Sabes cuántos años tenían tus abuelos cuando se casaron?

—........... unos treinta, porque recuerdo que me contaron que no se habían casado jóvenes, aunque .... mejor que se lo preguntaras a ellos.

15.—¿Conoces la canción que dice:

"Por un beso de la flaca
yo .... lo que fuera".

---

5 **Relaciona estos lugares con las profesiones que se pueden ejercer en ellos.**

Lugares

óptica
mar
campo
fábrica
clínica
hospital

Profesiones

enfermera
oculista
otorrino
ATS
operario
marinero
labrador
pescador
campesino

---

6 **Relaciona las columnas y forma frases.**

Será muy listo,	pero ahora no engaña a nadie.
Parecería muy joven,	pero a nosotros no nos da ni las gracias.
Trabajará como abogado,	pero ahora solo apaga la luz en su casa.
La considerarían una buena jugadora,	pero yo nunca lo he visto ganar nada.
Será un buen cocinero,	pero es incapaz de resolver este crucigrama.
Tocaría muy bien el piano,	pero no le hicieron el descuento de menores.
Ganaría el campeonato de mus,	pero tiene un montón de problemas legales.
Apagaría fuegos,	pero no parece que tuviera buen oído.
Tendrá mucha suerte,	pero es bastante soso.
Dará todo lo que tenga a los demás,	pero tiene muy mal perder.

7 **¿Qué diferencias hay entre estos pares de frases?**

1. No llames, estará en la cama.
No llames, se habrá ido a la cama.

2. Ese médico habrá trabajado aquí, pero ninguna enfermera lo conoce.
Ese médico trabajará aquí, pero ninguna enfermera lo conoce.

3. Cuando me llames, ya habré terminado el trabajo.
Pensé que cuando me llamaras ya habría terminado el trabajo.

4. Si ese músico tuviera dinero se iría a Cuba para aprender nuevos sonidos.
Si ese músico hubiera tenido dinero se habría ido a Cuba para aprender nuevos sonidos.

5. ¿Por qué haremos siempre tantas locuras?
¿Por qué haríamos siempre tantas locuras?

8 **Elabora la ficha de trabajo de los siguientes profesionales con el horario y las actividades que realizan cada día.**

dentista	arquitecto	portero de fútbol	marino

9 **Silvia se ha comprado una casa en el campo y tiene que decorarla. Aconséjala.**

En el salón: *podrías poner…*
yo colocaría…
si tienes mucha luz, podrías…

En la cocina: ▶ _____
_____

En el dormitorio: ▶ _____
_____

En el jardín: ▶ _____
_____

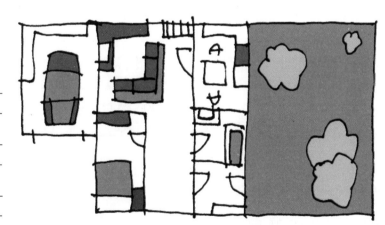

10 **Utiliza el futuro o *ir a* + infinitivo.**

1. La azafata anuncia el vuelo para Mallorca a las diez.

▶ _____

2. Mis tíos han pensado viajar a Venezuela el próximo año.

▶ _____

3. El secretario convoca la reunión para el martes de la semana que viene.

▶ _____

4. Elena tiene pensado comprarse un vestido de fiesta.

▶ _____

5. Hemos decidido empezar un curso de relajación.

▶ _____

6. El profesor inaugura las clases el lunes 3 de abril.

▶ _____

7. El hombre del tiempo anuncia mal tiempo para el fin de semana: nubes, lluvia y frío.

▶ _____

8. Mis padres y yo tenemos la intención de visitar a mis abuelos, que viven en la costa.

▶ _____

9. Andrés ha decidido dejar de fumar y llevar una vida más sana.

▶ _____

10. El candidato a la presidencia habla de su programa político en la radio el jueves a las dos de la tarde.

▶ _____

⑪ Expresa con una forma del futuro tus buenos propósitos para las siguientes situaciones.

1. Llego todos los días tarde a clase.

▶ _____

2. Algunos días me duermo por las mañanas y el jefe me echa la bronca en el trabajo.

▶ _____

3. No tengo tiempo para separar la basura y la pongo toda en el mismo sitio.

▶ _____

4. Me gusta escuchar la música muy alta y el vecino se queja.

▶ _____

5. No me gusta cocinar; como lo que es más fácil de preparar y estoy engordando.

▶ _____

⑫ Completa con futuro o condicional.

1. El carpintero me dijo que (terminar) .... el armario cuando yo llegara de vacaciones.

2. No he encontrado al informático. Probablemente no (ir) .... hoy a trabajar.

3. Dile al fisioterapeuta que (ir) .... a que me vea la próxima semana.

4. Ese médico (ser) .... muy bueno, pero a mi hijo no le prestó mucha atención.

5. Los sindicalistas no han terminado la reunión. No (estar) .... de acuerdo.

6. Antes (dedicarse) .... a la ebanistería, pero ahora es electricista.

7. Ayer hablé con Carlos y me dijo que el secretario (llegar) .... hoy.

8. Si no termina pronto la huelga de pilotos los directores (cerrar) .... la empresa.

9. ¿(Creer) .... ese albañil que soy tonto? Quiere cobrarme la obra por adelantado.

10. He llamado a mi oculista y no está; (marcharse) .... de vacaciones.

13 Completa el laberinto silábico. Tienes que buscar la palabra a la que se refiere la definición y colocar una sílaba en cada cuadro.

1. Que participa de dos cosas.
2. Persona que se dedica a hacer objetos de barro.
3. Persona a la que le gusta mucho el rock (femenino, plural).
4. Lugar de una población preparado para vender objetos, generalmente usados, cierto día de la semana.
5. 3.ª persona singular del condicional simple del verbo *llover*.
6. Médico especialista en aplicar la anestesia.
7. Vaso con asa más ancho que alto y que sirve para tomar líquidos.
8. Calzado que cubre solo el pie y que tiene la suela de un material más duro que el resto.
9. Persona que se dedica a torear.
10. 1.ª persona plural del condicional simple del verbo *rogar*.

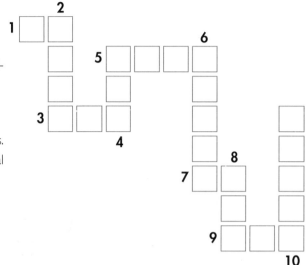

14 A continuación te presentamos dos situaciones: de la primera conocemos casi todos los datos, pero de la segunda sabemos muy poco. Imagina cómo sería el segundo diálogo. Utiliza expresiones de duda y probabilidad.

Dos amigos comentan la situación de un compañero de oficina: Antonio está agotado por el trabajo y necesita un descanso. Se va de vacaciones a la montaña con su mujer. Aunque tiene mucho trabajo, van a pedir unos días que les deben y se van a ir la próxima semana.

> *Andrés:* Oye, ¿sabes qué le pasa a Antonio?
>
> *Carlos:* El otro día me contó que estaba muy cansado y que necesitaba un descanso.
>
> *A:* ¿Y qué piensa hacer?
>
> *C:* Me dijo que se iba a ir unos días de vacaciones.
>
> *A:* ¿Adónde?
>
> *C:* A la montaña, porque hay más tranquilidad.
>
> *A:* ¿Se va solo?
>
> *C:* No, con su mujer.
>
> *A:* Claro. Y con el trabajo que hay, ¿cuándo se va?
>
> *C:* Me dijo que la semana que viene. A los dos les deben unos días y los van a pedir juntos para poder aprovecharlos.
>
> *A:* Hace muy bien.
>
> *C:* Sí, ¡quién pudiera!

Otros dos amigos comentan la misma situación: Antonio ha pedido unos días libres cuando más trabajo hay.

> *Pedro:* Oye, ¿sabes qué le pasa a Antonio?
>
> *Miguel:* No sé…

15 **¿Qué crees que puede haber ocurrido en las siguientes situaciones? Escribe todas las hipótesis que se te ocurran.**

1. Susana es una niña de seis años. Su madre va a buscarla al colegio y sale con su vestido blanco lleno de manchas.

2. Carlos llega a su fiesta de aniversario con el traje nuevo empapado de agua.

3. Elisa vuelve del trabajo y se encuentra con la puerta de su casa abierta. Dentro no hay nadie.

4. Todos los sábados por la mañana mi novio suele correr unos 5 km; hoy ha corrido 25 km.

5. Mi marido es un desastre, nunca ayuda en casa; ayer, cuando llegué, estaba toda la casa limpia, los suelos fregados, la ropa en la lavadora y la cena preparada.

16 **Fíjate en los dibujos y construye frases para expresar deseos.**

▶ _____   ▶ _____

▶ _____   ▶ _____

▶ _____   ▶ _____

▶ _____   ▶ _____

▶ _____   ▶ _____

17 **Reacciona ante las siguientes frases con una expresión de deseo.**

1. Mi primo ha recibido una herencia fabulosa de un pariente lejano.

_____

2. Duermo seis horas todas las noches y para mí es suficiente.

_____

3. Me gustaría comprarme una moto nueva para recorrer Europa este verano.

_____

4. El fin de semana que viene tengo que ir a hacer horas extras a la fábrica y no tengo ninguna gana.

_____

5. Luis ha tenido un pequeño accidente casero, pero creo que está bien; vamos a verlo ahora.

_____

6. Ayer salió de casa corriendo porque tenía solo unos minutos para entregar unos importantes papeles en la oficina.

_____

7. He sido seleccionado junto con otro candidato para el papel protagonista de una serie de televisión; ahora ya veremos.

_____

8. Mi amigo de toda la vida se ha portado muy mal conmigo y no lo esperaba.

_____

9. No quise ir de vacaciones con mis padres, y en la playa conocieron a mi actor favorito por casualidad.

_____

10. Nos han invitado a la recepción que da el embajador y estoy muy emocionada.

_____

18 **Vuelve a escribir las siguientes frases utilizando *ojalá* o *quién*.**

1 Me gustaría haber ido con ella.

2 Debería haberlo pensado antes de hacerlo.

3 Debería haber estudiado más.

4 Espero que me toque la lotería.

5 Me gustaría poder estar en la playa en estos momentos.

6 Me gustaría que el domingo nevara.

7 Desearía poder ir al concierto de Año Nuevo.

8 Espero que se acaben las guerras que hay en este momento.

9 Me encantaría poder salir a comer fuera.

10 Debería haber ido antes al dentista.

19 **Puntúa y acentúa correctamente el siguiente diálogo.**

A: ¿Os apetece tomar algo? Yo voy a prepararme un refresco

B: A mi preparame otro

C: Bueno pues que sean tres

A: Oye ¿que tienes pensado para este fin de semana? A nosotros nos gustaria ir a esquiar ¿Por que no te animas y te vienes con nosotros? Llamamos a las chicas y nos vamos todos ya sabes que en el refugio hay sitio para todos nosotros dormimos en una cabaña y las chicas en la otra

B: ¿A esquiar? ¿No seria mejor que nos quedaramos tranquilos en casa?

A: De verdad que no te entiendo no puedo comprender que prefieras quedarte en casa

B: En el refugio sin comodidades lejos de la civilizacion con el frio con lo bien que se esta en casa viendo peliculas

C: Bueno ya lo pensaremos pero tenemos que ponernos de acuerdo

A: Vale vale

20 **Puntúa y acentúa (cuando sea preciso) las siguientes secuencias para crear el mayor número de frases posibles.**

1. Como me lo aconsejaste ayer fui a la exposición

2. Si estuve con ella todo el día

3. En la reunión no se habló del tema como yo suponía

4. No ha venido porque quería verla

5. Si quiero comer en el restaurante

21 **Corrige los errores que encuentres en las siguientes frases.**

    1. Cuando llegue al colegio ya empezarán las clases.

    2. Hoy no ha venido la profesora de español. Habrá estado en su casa.

    3. ¿Podrá decirme si voy bien para la estación?

    4. A lo mejor vaya contigo a hacer la compra.

    5. Es probable que veo el partido por la televisión.

    6. Seguro que el examen de mañana sea muy difícil.

    7. Ojalá no llueve esta tarde.

    8. ¡Que aprovecha!

    9. ¡Quién pueda ser invisible por unos minutos!

    10. Ojalá tenía una máquina que me hacía aprender español sin ningún esfuerzo.

22 **Escribe una instancia solicitando una beca para realizar un curso de español. Sigue el esquema que aparece en la lección.**

23 **¿A qué profesiones se refieren las siguientes frases?**

    1. Ayudan a los doctores.

    2. Trabajan en los establecimientos donde se venden gafas.

    3. Trabajan en el campo.

    4. Acuden donde hay fuego.

    5. En la ciudad dirigen el tráfico.

    6. Ha diseñado el edificio donde estás.

    7. Te enseñó a leer.

    8. Mantienen verdes las ciudades.

    9. Arregla los zapatos.

    10. Venden anillos, pendientes, etc.

24 **Con la información que aparece en el texto de A nuestra manera (del Libro), enumera varios objetos artesanos que puedes comprar en Madrid.**

25 **Busca cinco profesiones en la sopa de letras.**

C	C	R	M	U	S	I	C	O
G	A	L	E	D	Y	K	J	T
U	R	M	C	Q	X	J	D	O
D	T	S	A	U	Z	A	R	L
N	E	Q	N	R	F	O	F	I
J	R	N	I	D	E	H	A	P
I	O	H	C	P	O	R	I	O
F	E	B	O	H	B	E	O	L

26 ¿Quién es qué y dónde está?

Óscar e Irene han comprado una casa en Guadalajara que todavía está en construcción. Deberían habérsela entregado el pasado mes de octubre, pero ya se acercan las vacaciones y aún no saben nada de la empresa constructora ILE. Ante este retraso, la pareja se ha dirigido a la oficina de Alovera (Guadalajara) para pedir explicaciones, pero lo que les expone la secretaria los ha llenado de dudas y ahora no saben quién es el responsable. ¿Podrías ayudarlos?

Completa la tabla con los datos que te damos.

profesión				
nombre				
apellidos				
lugar donde está ahora				

1. El señor López Enríquez estará en Barcelona durante toda la semana.

2. Ignacio, que no es el jefe de obra ni el constructor, sí está aquí, en la oficina de ventas, pero ha tenido que marcharse por motivos personales.

3. El arquitecto, que no es el señor Huertas Parra, está en las oficinas centrales, en Madrid, y ha dejado el siguiente mensaje para el constructor: "Ismael, cuando vuelvas de Barcelona ponte en contacto conmigo".

4. Félix, que se encarga de supervisar toda la obra de Guadalajara, ha recibido el encargo del señor Sánchez Peña de traer unos materiales de Alcalá de Henares.

5. El albañil se apellida Fonseca Díaz, pero no se llama Juan.

27 Perdone, ¿podría decirme dónde están mis compañeros?

Luis Martínez tenía que incorporarse hoy a su nuevo centro, pero se ha retrasado un poco por los nervios del primer día. Va a cursar 3.º de ESO en el colegio Infanta Luisa Eugenia y se dirige a secretaría para informarse de dónde está su clase. Pero necesita ayuda, pues las respuestas del secretario, que ha querido poner a prueba su inteligencia lógica, lo han confundido. Ayúdalo.

Completa la tabla con los datos que te damos.

cargo				
nombre				
asignatura				
aula actual				

1. El jefe de estudios está en estos momentos en tu clase, pero no da inglés.

2. Luisa, la directora del centro, está reunida. Será también tu profesora, pero no te dará lengua ni francés.

3. Miguel será tu profesor de cultura clásica, una asignatura que interesa mucho especialmente a Jaime, el profesor de CC. NN. (ciencias naturales).

4. Tu tutora se llama Irene y en estos momentos está en el aula de 4.º de ESO.

5. El tutor de 2.º de ESO no está de guardia.

6. La tutora de 1.º de ESO se llama Elena, pero no da inglés ni francés, ni está en 2.º de ESO.

7. El jefe de estudios no se llama Miguel.

Los tiempos cambian

4

1 **Ordena las palabras que te damos a continuación según se refieran a frío o calor, de mayor a menor intensidad.**

revuelto, templado, cálido, fresco, apacible, otoñal, seco, soleado, caluroso, bochornoso, lluvioso, húmedo, gélido, primaveral, pegajoso, estival, tormentoso, desapacible, agradable

2 **Tacha en cada línea la palabra que no corresponda.**

1. soleado, tormenta, nublado, caluroso

2. bochornoso, tormentoso, lluvioso, neblinoso

3. invernal, veraniego, otoñal, primaveral

4. tormenta, nublado, granizada, chispear

5. nube, relámpago, rayo, trueno

3 **Completa con el, la, los, las o un, una, unos y unas, según corresponda.**

1. .... niño de la vecina llora sin parar todas las noches.

2. .... pan hay que comerlo en pequeñas cantidades.

3. .... leyes dicen que está prohibido fumar en los autobuses urbanos.

4. Vinieron .... hombres y se llevaron todo lo que había en .... casa.

5. .... Reyes le trajeron .... casa de muñecas.

6. Tu hermano es .... gran persona.

7. .... agua está compuesta de hidrógeno y oxígeno.

8. .... sábado tomamos unas copas y luego vemos .... partido en mi casa.

9. .... día te darás cuenta de todo lo bueno que has hecho.

10. .... madres siempre defienden a sus hijos.

4 **Pon el artículo correspondiente donde sea necesario.**

A: ¿Dígame?

B: Oye, soy yo.

A: ¡Hombre!, ¿cómo estás?, ¿no tenías .... teléfono estropeado?

B: ¡Qué va!, me lo dejé ayer mal colgado. Bueno, si te cuento lo que me ha pasado no te lo crees.

A: Cuenta, cuenta.

B: Verás, ayer .... hombre con .... gafas oscuras y .... gabardina se acercó a mi puerta. Yo lo vi desde .... ventana de mi cuarto y bajé para abrir cuando llamara, pero no lo hizo. Me extrañó y subí de nuevo para ver lo que hacía. Me asomé otra vez a .... ventana y vi cómo se metía .... mano en .... bolsillo y sacaba .... carta, comprobó .... dirección en .... puerta y llamó. Bajé corriendo, pero cuando llegué a abrir él ya no estaba, solo estaba .... carta sobre .... felpudo.

A: ¿Y qué ponía?

B: Me invita esta tarde a .... fiesta.

A: ¿A .... ocho en .... bar del centro?

B: Sí, ¿cómo lo sabes?

A: Y .... hombre ¿era rubio y .... gabardina gris?

B: Exacto.

A: .... invitación es mía, ... hombre es mi hermano Ramón, es mudo y muy tímido, por eso no se quedó, ¿vendrás esta tarde?

B: Desde luego. ¿Estará tu hermano?, tienes que presentármelo.

A: Allí nos vemos, ¡adiós!

B: ¡Hasta luego!

5 **Lee el siguiente texto y rellena los huecos con la forma adecuada cuando corresponda.**

.... primera vez que entró en .... academia fue .... mañana de abril. Tendría apenas .... quince años. Su madre le había dado .... hojas casi .... blancas y le había animado a estudiar .... alemán. Entró por .... puerta que daba a .... patio. Esa mañana llevaba sobre .... cabeza .... gorra de marinero tan negra como su pelo y tan llamativa como .... azul de sus ojos.

6 **Lee las siguientes frases y deduce la regla según lo que has estudiado en esta lección.**

Entra viento por la ventana.   Entra el niño por la ventana.
Salía agua de la alcantarilla.   Salía el fontanero de la alcantarilla.
Cayó lluvia en el patio.   Cayó la fruta en el patio.

¿Por qué las oraciones del primer bloque no llevan artículo y las otras sí?

7 **Fíjate en los dibujos y construye todas las frases posibles utilizando *el, la, los, las, un, una, unos* y *unas*.**

8 **Transforma las oraciones en otras estructuras con artículo.**

Ej.: *Alejandro es muy guapo* ⇨ *¡Lo guapo que es Alejandro!*

1. La catedral es muy bonita.
   ▶ _____

2. Es un libro muy interesante.
   ▶ _____

3. María cantaba muy bien.
   ▶ _____

4. Tiene un diseño muy moderno.
   ▶ _____

5. Juan corre muy rápido.
   ▶ _____

6. Los estudiantes vuelven a casa muy tarde.
   ▶ _____

7. Gasta mucho.
   ▶ _____

8. Se levanta siempre muy temprano.
   ▶ _____

9. Me quería mucho.
   ▶ _____

10. Lee muy mal.
    ▶ _____

9 **Ahora, haz lo contrario.**

1. ¡Lo mucho que me gusta el libro!
   _____

2. ¡Lo duro que es trabajar aquí!
   _____

3. ¡Lo sorprendente que resultó la película!
   _____

4. ¡Lo fácil que es montar en bici!
   _____

5. ¡Lo entretenido que es Internet!
   _____

6. ¡Lo bien que come este niño!
   _____

7. ¡Lo amargo que está el café!
   _____

8. ¡Lo poco que dura el dinero!
   _____

9. ¡Lo bien que te sienta este vestido!
   _____

10. ¡Lo delgada que te hace el abrigo!
    _____

10 **Redacta las frases según el modelo.**

Ej.: *Gustar / vestido / a nosotros / quedarte muy bien (pasado).*
Nos gustó el vestido por lo bien que te quedaba.

1. Interesar / libro / a mí / resultar divertido (presente).
   ▶ _____

2. Ladrar / perros / a ellos / parecer muy sospechosos (futuro).
   ▶ _____

3. Gustar comer / tarta de chocolate / a vosotros / estar bien hecha (pasado).
   ▶ _____

4. Encantar / flores / a María / oler bien (pasado).
   ▶ _____

5. Invitar / fiesta de cumpleaños / a nosotras / trabajar duro durante el trimestre (presente).
   ▶ _____

6. Dejar / en casa para Semana Santa / a Pedro / suspender cuatro asignaturas (futuro).
   ▶ _____

7. Vender / coche / ser viejo (pasado).
   ▶ _____

8. Comprar / abrigo / a mi hija / ser bonito (futuro).
   ▶ _____

9. Escribir / una postal / a Silvia / ser su cumpleaños (pasado).
   ▶ _____

10. Coser / a ti / pantalones / no saber qué hacer (futuro).
    ▶ _____

11 Completa con el artículo o con el posesivo correspondiente este otro fragmento de Larra para saber más acerca de la historia con la que trabajaste en el ejercicio 30 del Libro.

(…) Levántase rápidamente a este punto …… trinchador con ánimo de cazar …… ave prófuga, y, al precipitarse sobre ella, …… botella que tiene a …… derecha, con …… que tropieza …… brazo, abandonando …… posición perpendicular, derrama un abundante caño de Valdepeñas sobre …… capón y …… mantel; corre …… vino, auméntase …… algazara, llueve …… sal sobre …… vino para salvar …… mantel; para salvar …… mesa se ingiere por debajo de él …… servilleta, y …… eminencia se levanta sobre …… teatro de tantas ruinas. …… criada toda azorada retira …… capón en …… plato de …… salsa; al pasar sobre mí hace …… pequeña inclinación, y …… lluvia maléfica de grasa desciende, como …… rocío sobre …… prados, a dejar eternas huellas en …… pantalón color de perla; …… angustia y …… aturdimiento de …… criada no conocen término; retírase atolondrada sin acertar con …… excusas; al volverse tropieza con …… criado, que traía …… docena de platos limpios y …… salvilla con …… copas para …… vinos generosos, y toda aquella máquina viene al suelo con …… más horroroso estruendo y confusión.

Mariano José de Larra, "El castellano viejo", *Artículos de costumbres*.

12 Elige la opción correcta; si ambas lo son, indícalo también. Justifica tu respuesta.

1. ¿Has cogido *mi / el* bolígrafo azul?
2. Me encanta *mi / el* vestido negro porque me hace muy delgada.
3. ¿Te gusta *nuestra / la* casa?
4. ¿Dónde has dejado *tu / el* coche?
5. Estoy fatal, me duele *mi / el* estómago.
6. ¿Has encontrado *tus / las* llaves?
7. Hablé con *sus / los* amigos de Valladolid.
8. Espera unos minutos, voy a pintarme *mis / las* uñas.
9. *Mi / el* padre me regaló un coche.
10. En ese hotel te sientes como en *tu / la* casa.

13 Señala la opción adecuada.

1. En ese salón he visto *un / una* clave del siglo XIX.
2. *El / la* orden era que se apagara la luz a las diez.
3. En el observatorio de Almería se ha descubierto *un / una* cometa.
4. En el pasado *el / la* cólera fue una enfermedad gravísima.
5. Perdí *el / la* pendiente y la sortija de plata.
6. *El / la* capital más importante en España viene del turismo.
7. *El / la* coma es un signo ortográfico muy importante.
8. No me han dado todavía *el / la* guía y no sé su número.
9. ¿Dónde has dejado *los / las* lentes de la abuela?
10. *Los / las* papas se comen mucho en mi tierra.

14 Justifica la presencia o ausencia del artículo en las siguientes oraciones.

Ej.: *Un reloj* es un buen regalo.
   Reloj: singular, contable, no mencionado o desconocido.

1. Los niños más estudiosos ganaron el premio.
2. Unos perros atacaron a mi gato, pero él consiguió escapar.
3. El calor ha llegado tarde, casi en julio.
4. Los vinos de esta región son excelentes.
5. El agua escasea en España.
6. Una niña se cayó por las escaleras; por suerte no se hizo daño.
7. Hay truchas en este río; es famoso por eso.
8. Las lluvias llegan en otoño.
9. Un desconocido nos regaló flores en el restaurante.
10. La leche está cortada.

15 **Completa con los verbos de la lista en la forma adecuada.**

ocupar(se), negar(se), acordar(se), creer(se), encontrar(se), fijar(se), llamar(se), parecer(se), quedar(se)

1. No .... que vaya a llover.
2. Mi amiga .... en la cama con cuarenta de fiebre.
3. .... de mirar el parte meteorológico en el periódico: no va a llover.
4. Le dije que no viniera, pero .... que vendrá.
5. Mi gato .... Mínimo, porque es muy pequeño.
6. El acusado .... dos veces la acusación.
7. La academia .... de encontrarte alojamiento.
8. Está nublado y .... que va a empeorar a lo largo de la tarde.
9. Me voy, ya que .... a las tres en la estación.
10. Mis padres .... su residencia aquí, por eso yo soy chilena.
11. Me di cuenta al instante de que eran hermanas; .... mucho.
12. Por culpa del esguince .... en casa quince días.
13. Pasaron lista y .... a los alumnos de uno en uno.
14. Bueno, entonces .... en que yo te recojo por la mañana.
15. .... muy guapa, pero solo es un montón de maquillaje.

16 **En algunas de estas frases hay errores. Corrígelos.**

1. Ella a usted no lo ha permitido entrar.
2. A él hablamos cuando se nos acercó a pedirnos fuego.
3. Todos estaban en la fiesta de despedida excepto mí.
4. A tu hermana la pedimos que trajera una tarta.
5. No quiero le interrumpir, no es necesario.
6. No he visto a mis hermanos, ¿los has visto tú?
7. Se ha ido con ti porque quería hablar de la visita.
8. Lo vimos en el aparcamiento anoche.
9. No lo trae consigo, así que déjale en paz.
10. A Julia la dije que viniera a las nueve.

17 **Transforma estas frases según el ejemplo:**

Ej.: *Les compramos los juguetes a los niños.*
 A los niños les compramos los juguetes / Los juguetes se los compramos a los niños.

1. Ya le hemos traído la lavadora a la abuela.
2. Le robaron el bolso a mi hermana.
3. Les contamos el viaje a nuestros amigos.
4. Le quité un par de vasos a mi suegra.
5. Mis padres me regalaron flores para mi cumpleaños.
6. Escribí un libro dedicado a mis padres.
7. Le compré una corbata a mi marido.
8. Le regué las plantas a mi vecina.
9. Arreglamos la casa de muñecas a las niñas.
10. Dimos ropa usada a las monjas.

18 **Construye oraciones en pasado usando pronombres átonos para las partes en cursiva.**

1. Coger / *las carpetas* / tirar / *los archivadores* por la ventana *(él)*.
   ▶ _____

2. Pelar / *las patatas* / freír / *la cebolla* en la sartén *(tú)*.
   ▶ _____

3. Tender / *los pantalones* / sacar / *las toallas* de la lavadora *(yo)*.
   ▶ _____

4. Mientras ver / *la tele* / planchar / *la ropa (yo)*.
   ▶ _____

5. Cuando / escribir / *la novela* / tener / *tres gatos* encima de la mesa *(ella)*.
   ▶ _____

6. Tirar / *el reloj* / sin querer *(ellos)*.
   ▶ _____

7. Apagar / *la radio* / para / oír / *la tele (ellas)*.
   ▶ _____

8. Comprar / *la revista* / leer / *el artículo (nosotros)*.
   ▶ _____

9. Hacer / *la paella* / para / probar / *sus amigos (ella)*.
   ▶ _____

10. Terminar / *el ejercicio* / recoger / *los libros (ellos)*.
    ▶ _____

19 **¿De qué crees que trata este texto? Rescríbelo sustituyendo los pronombres por sustantivos.**

> Ellos, los del curso de Física, eran muy viejos. Algunos llevaban cerca de cincuenta años explicándolas. Él, mi viejo profesor, los dejaba para el final de la clase para que se las preguntáramos y así podía seguir junto a nosotros más tiempo. Le gustaba estar con nosotros. La amaba. Los daba. Decía que la vida había sido su mejor maestra. Las había en las que nadie la seguía, pero cuando hablaba de su experiencia no se oía a nadie.

20 **Escribe de nuevo estas frases incluyendo el pronombre adecuado. Recuerda que a veces su presencia es enfática.**

1. ¿Qué quieres? _____
2. ¿Qué desea? _____
3. Quiero que hagas tus deberes. _____
4. Haz la compra mientras tiendo la ropa. _____
5. Necesita que vigilemos la comida. _____
6. Te callas. _____
7. Ha sido la culpable. _____
8. ¿No creéis que nos están mintiendo? _____
9. ¿Podrían decirme dónde está Correos? _____
10. He dicho mil veces que no fuméis en casa. _____

21 **Sustituye las palabras en cursiva por el correspondiente pronombre.**

1. Explicó *los resultados del examen a sus estudiantes.*

▶ _____

2. Ten en cuenta que deberías obedecer *a tus padres.*

▶ _____

3. Estoy buscando *a mi amiga.*

▶ _____

4. Entregó *la caja de bombones a su novia.*

▶ _____

5. Telefoneó *a sus padres* desde el hotel.

▶ _____

6. Resolvió *el problema* a la primera.

▶ _____

7. Sabía *que nunca te casarías con Jaime.*

▶ _____

8. Mandaré *las cartas de felicitación a mis abuelos* mañana.

▶ _____

9. Quiero *a mis hermanos* muchísimo.

▶ _____

10. ¿Sabes *la noticia*? Carmen quiere *a Juan.*

▶ _____

22 **Lee el siguiente anuncio y completa el diálogo con los artículos y pronombres que sean necesarios sin olvidar la concordancia.**

> Sala "El Balcón"
> ### *Los tomates enlatados*
>
> Viernes y sábados, 23 h. Compañía Korpus.
> Venta de entradas una hora antes de la función.
> Lunes mitad de precio.

1. *A:* ¿Has visto .... anuncio de .... función?

2. *B:* Sí, ... he visto esta mañana en .... periódico.

3. *A:* .... voy a ir con .... de .... compañeras de piso, ¿y ....?

4. *B:* No, ... no puedo, me viene fatal.

5. *A:* ¿Qué .... parece .... lunes? Además, es a mitad de precio.

6. *B:* .... viene igualmente mal. Además, ... precio no es .... problema. Es que tengo que entregar a mi profesor dos trabajos y todavía no he empezado con ....

7. *A:* No es por desanimarte, pero .... de mis compañeras dice que ese profesor es .... hueso. .... creo que no deberías perderte.........

23 Como ves, estos refranes están un tanto mezclados. Ordénalos.

1. Más vale pájaro en mano que lo bueno por conocer.
2. A quien madruga Dios dispone.
3. Más sabe el diablo por viejo que ciento volando.
4. Cuando las barbas de tu vecino veas pelar, déjala correr.
5. De tal palo con el mazo dando.
6. El hombre propone y Dios lo ayuda.
7. El que a buen árbol se arrima, tal astilla.
8. Más vale lo malo conocido que por diablo.
9. A Dios rogando y pon las tuyas a remojar.
10. Agua que no has de beber, buena sombra le cobija.

24 Unos duendes maliciosos han cambiado el final de estos otros refranes. Escríbelos correctamente.

1	Cría cuervos	y tendrás muchos
2	Del dicho al hecho	van dos participios
3	A perro flaco	le viene bien un hueso
4	El muerto al hoyo	y a taparlo bien
5	Aunque la mona se vista de seda	tendrá que llevar sombrero
6	¿No querías caldo?	Este es muy nutritivo
7	A quien madruga	le entra más rápido el sueño
8	No hay mal	que no se pueda arreglar
9	Más vale prevenir	que llegar tarde
10	Todos hablan de la feria	cuando van a ella

25 Sustituye el artículo por el posesivo siempre que sea posible.

1. Durante el partido Pedro se lesionó la rodilla izquierda.
2. Pásame la sal, por favor.
3. Trajo el ordenador en un taxi.
4. Este fin de semana he pintado la casa con ayuda de Luis.
5. Laura se pintó las uñas de azul.
6. Me ha regalado la camisa gris de seda.
7. Déjame la pelota, Jaime.
8. Escribió una carta a los padres de José.
9. ¡Por fin ha limpiado el coche!; nunca lo hace.
10. ¿Puedes coserme los pantalones mañana?

26 Sustituye la estructura de + pronombre personal por un posesivo cuando sea posible.

Ej.: *Este coche es de Luis* ⇨ *Este coche es suyo.*

1. No sé nada de ella desde el martes.
2. Estos juguetes parecen de ellos.
3. ¿En la clase de ellas hay calefacción?
4. La educación de usted es excelente.
5. Tenéis que cuidar de ellos hasta que volvamos.
6. No conozco la casa de vosotros.
7. He preferido no contar nada de mí en esa reunión.
8. Me ha regalado la camisa de ella.
9. Si quieres hablar de nosotros puedes hacerlo.
10. Estas fotocopias son de ustedes.

27 Corrige los errores que encuentres en las siguientes frases.

1. Se los dije ayer a las seis.
2. Tú tienes un buen diccionario, déjamele.
3. No se va a tirar nada a la basura porque nosotros lo comemos.
4. Parece a su padre hasta en la forma de andar.
5. Lo ha dicho a ella.
6. A ustedes os hacen caso.
7. ¡Lo muy bonito que es!
8. Es uno de los coches suyos.
9. La he dicho que no viniera a la fiesta mañana.
10. Las suyas amigas no me gustan nada.

28 Lee este texto. Cambia la 3.ª persona por la 1.ª teniendo en cuenta las modificaciones que esto supone. Luego, ponlo todo en 2.ª persona.

Él caminaba por el parque entre los árboles. Pensaba en sus cosas e iba ensimismado. Ella lo vio desde lejos y quiso llamarlo, pero él no escuchó su llamada. Ella se acercó entonces hasta llegar a su lado y le habló quedamente: "¡Hola, Juan! ¿Qué tal estás?". Él se sobresaltó porque no esperaba a nadie cerca de él y porque sus pensamientos eran contradictorios y apasionados. La miró a los ojos, la reconoció y le dijo que estaba pensando en ella. Ella le sonrió. Entonces se miraron en silencio y él finalmente la invitó a tomar un café de forma tímida. Caminaron el uno junto al otro hasta la terraza más cercana. Ella le dijo que si él quería iba ella a hablar con su mujer.

Un paseo en globo

5

1 Competición léxica. Tu compañero te va a leer unas definiciones y tú tienes que buscar las palabras a las que corresponden entre las que tienes en tu lista. Tapa con un papel la letra de tu compañero.

cordillera, montaña, río, cabo, bahía, ribera, playa, meandro, caleta, colina, valle, isla, mar, continente

monte, meseta, afluente, cala, desierto, golfo, archipiélago, alameda, península, llanura, delta, bosque, duna, vega

definiciones

a

- extensión de tierra rodeada de agua por todas partes menos por una _____
- elevación del terreno de gran altura _____
- tierra cubierta de árboles y plantas silvestres _____
- tierra baja, llana y fértil _____
- pequeña montaña de arena que forma el viento _____
- lugar donde crecen muchos álamos _____
- río que lleva sus aguas a otro mayor _____
- parte de mar que entra en la tierra _____
- terreno llano, extenso y elevado _____
- conjunto de islas reunidas _____
- terreno en el que se unen con el mar los brazos de un río _____
- extensión de tierra no poblada por tener un clima extremo _____
- parte pequeña de mar que entra en la tierra _____
- terreno llano y extenso _____

b

- serie de montañas unidas entre sí a lo largo _____
- orilla o borde de un mar o de un río _____
- corriente continua de agua que va a desembocar al mar _____
- parte de la Tierra que incluye dentro de sí tierra e islas _____
- tierra que está rodeada de agua por todas partes _____
- espacio de tierra entre montañas o alturas _____
- elevación de terreno de gran altura _____
- masa de agua salada que cubre la mayor parte de la superficie de la Tierra _____
- parte de la tierra que entra en el mar _____
- parte de mar que entra en la tierra y que puede servir de refugio a las embarcaciones _____
- elevación de terreno de poca altura y de bordes suaves _____
- superficie cubierta de arena a la orilla del mar _____
- curva que forma un río en su curso _____
- parte muy pequeña de mar que entra en la tierra _____

2 Clasifica las siguientes palabras según corresponda. Recuerda que hay varias posibilidades.

desierto, cabo, llanura, montaña, caleta, duna, valle, río, cordillera, isla, bosque, selva, glaciar, monte

zonas tropicales	zonas intermedias	zonas árticas

3 Relaciona los elementos del grupo *a* con los del *b*.

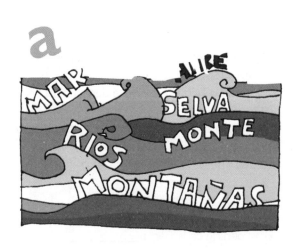

4 Construye frases con los siguientes sustantivos y adjetivos del léxico de la lección.

cordillera, escarpado, embalse, desértico, paisaje, valle, rocoso, montañoso

5 **Completa con la preposición de tiempo adecuada.**

1. Trabaja unas cinco horas diarias, ... 8 .... 1 más o menos.
2. La editora me dijo que publicaría el libro .... el próximo mes.
3. .... noviembre .... 2005 no hemos vuelto a ir de acampada.
4. El trabajo estará acabado .... el 15 de octubre.
5. Nunca le ha gustado asistir a conferencias .... las tardes.
6. Esta cafetería me encanta; te sirven el desayuno .... unos segundos.
7. Los Juegos Olímpicos de Barcelona se celebraron .... 1992. Fueron .... el día 25 de julio .... el 9 de agosto.
8. Esperaré .... las 9; después me voy.
9. Puedes localizar al jefe .... las 9 .... las 3; .... esa hora se va a comer.
10. Se enamoró de Claudia .... romper con Verónica.

6 **Completa con la preposición de lugar apropiada.**

1. Iba .... Madrid todos los días.
2. .... Madrid .... Getafe hay 20 kilómetros.
3. Los vendimiadores regresaron .... Francia.
4. No sé si había ido .... mi casa.
5. Llevaba varias horas paseando .... ahí.
6. He oído que el presidente ha salido.............. su país para no volver más.
7. Practicaba .... el gimnasio.
8. La ministra representó al Gobierno .... ese acto.
9. Últimamente no la vemos .... ahí.
10. Hemos estado esperándote .... la plaza.

7 **Escribe *por* o *para,* según sea necesario.**

1. El nuevo auditorio estará terminado .... el mes que viene.
2. Si me llaman .... teléfono, no estoy .... nadie.
3. Van a ser agrupados .... edades.
4. Hemos ido .... darte las gracias por lo que hiciste .... nosotros.
5. Te dije que .... lo que iban a regalarme a mí, yo no compraba nada.
6. .... playas bonitas, las del Caribe.
7. Tuvieron que salir .... la puerta de atrás .... evitar a los fotógrafos.
8. Fue pintado .... Salvador Dalí.
9. No parece que esté .... llover.
10. Íbamos .... Tarragona cuando nos quedamos sin gasolina.

8 **Señala el valor de la preposición en cada frase.**

1. Los gobernantes no están por cambiar la ley.
2. Está para caer una helada impresionante. Será mejor que te abrigues.
3. Nos vamos para Pamplona. ¿Quieres venirte?
4. Han anunciado la convocatoria para el próximo mes.
5. Se enfadó por lo que dijiste.
6. Para ser verano, no hace calor.
7. Quiere un buen bronceador para tener un bronceado bonito.
8. Es un desastre para hacer cualquier cosa.
9. Para haber pagado tanto dinero, el concierto fue horrible.
10. Tenemos toda la casa por fregar.

9 **Señala los valores que tienen _por_ y _para_ en las siguientes frases.**

1. Para frío, el de Teruel.

2. Dicen que fue construido por los vikingos, pero para mí que es una invención.

3. No creo que se gaste tanto dinero en una boda. Para eso, mejor que te quedes soltero.

4. Para el 15 de diciembre ya habremos cobrado la paga extraordinaria.

5. Has hecho todo lo que has podido para llegar a tiempo.

6. Para buena cantante, mi vecina del primero.

7. Pasarán por aquí mañana.

8. Por nosotros no esperéis.

9. No estoy hoy para fotos, así que hacédselas a otro.

10. Están todas las camas por hacer y tú viendo la televisión.

10 **Construye frases con _por_ y _para_ con los valores que se señalan.**

1. Sustitución.

▶ _____

▶ _____

2. Causa.

▶ _____

▶ _____

3. Tiempo aproximado.

▶ _____

▶ _____

4. Opinión.

▶ _____

▶ _____

5. Valoración.

▶ _____

▶ _____

6. Medio.

▶ _____

▶ _____

7. Carencia.

► _____

► _____

8. Dirección del movimiento.

► _____

► _____

9. Agente.

► _____

► _____

10. Finalidad.

► _____

► _____

11 Escribe pequeños diálogos en los que puedas introducir las expresiones que te damos y señala el valor expresivo que tienen en cada uno.

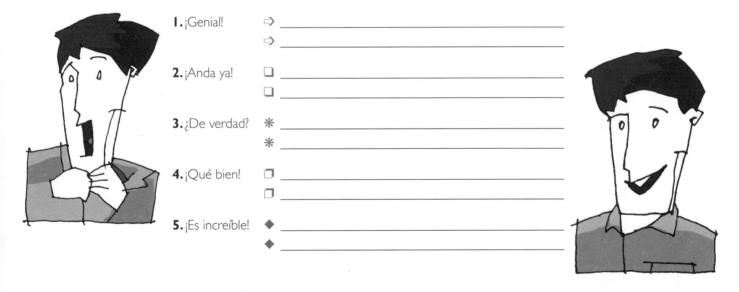

1. ¡Genial! ⇨ _____

⇨ _____

2. ¡Anda ya! ❑ _____

❑ _____

3. ¿De verdad? ✳ _____

✳ _____

4. ¡Qué bien! ❐ _____

❐ _____

5. ¡Es increíble! ◆ _____

◆ _____

12 En las siguientes oraciones señala cuál es la preposición correcta.

1. No sé _por_ / _para_ dónde se va al mercado.

2. Ve _por_ / _para_ mí, que no puedo ir.

3. _Para_ / _Por_ mí que tienes toda la razón.

4. _Para_ / _Por_ mí que tiene esos dolores porque escala montañas todas las semanas.

5. Salió _para_ / _por_ tu casa en cuanto pudo.

13 Elabora una lista de 15 verbos que necesiten las preposiciones siguientes.

verbos

a   con

de

en

14 Construye frases con los siguientes verbos.

1. acostumbrarse a

▶ _____

2. saber a

▶ _____

3. casarse con

▶ _____

4. entenderse con

▶ _____

5. enamorarse de

▶ _____

6. ocuparse de

▶ _____

7. empeñarse en

▶ _____

8. entretenerse con

▶ _____

9. insistir en

▶ _____

10. tardar en

▶ _____

15 **Aquí tienes una serie de verbos que resumen el significado de las frases indicadas. Elige el más conveniente según los casos.**

> carecer de, presumir de, soñar con, despedirse de, insistir en, meterse en, asombrarse de, convencer de, convivir con, relacionarse con

1. ¡No me lo puedo creer! ▶ _____

2. Se cree que es la mejor del mundo. ▶ _____

3. Le gustaría hacer un viaje a Egipto. ▶ _____

4. Me repite constantemente que invierta en bolsa. ▶ _____

5. Vive con su hermana desde los veinte años. ▶ _____

6. Conoce a muchísima gente. ▶ _____

7. ¡Adiós, hasta mañana! ▶ _____

8. Mañana lo compras y lo pruebas. ▶ _____

9. No tiene muchísimas cosas que tenemos los demás. ▶ _____

10. Siempre está pendiente de lo que no le importa. ▶ _____

16 **Escribe frases correctas uniendo las expresiones temporales de la izquierda con las oraciones de la derecha.**

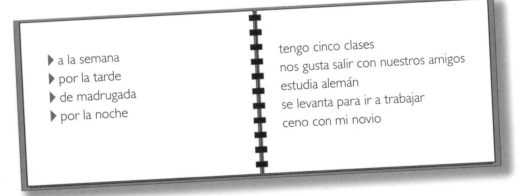

▶ a la semana
▶ por la tarde
▶ de madrugada
▶ por la noche

tengo cinco clases
nos gusta salir con nuestros amigos
estudia alemán
se levanta para ir a trabajar
ceno con mi novio

17 **Completa con las preposiciones que correspondan.**

1. Quedamos en la plaza .... las 6 (tiempo exacto).

2. .... el 2015 me iré a vivir a Japón.

3. El libro saldrá .... el 15 de agosto.

4. El tren llega .... las 6 (tiempo inexacto).

5. .... cinco años trabaja en ese bar.

6. .... 2005 trabaja en ese bar.

7. Lo quiere .... el viernes.

8. .... la huelga general el Gobierno cambió la ley.

9. Come marisco dos veces .... la semana.

10. Ese presidente gobernó .... 2001 y 2004.

18 **Corrige los errores que encuentres en estas frases.**

I. Ayer subimos a una cordillera para merendar.

► _____

2. Quedamos de reunirnos en la plaza.

► _____

3. Pensaba de salir con vosotros.

► _____

4. Lo hice en ciegas.

► _____

5. El cuadro se terminará por agosto.

► _____

6. Iré por Madrid al final de la tarde.

► _____

7. El trabajo que está para hacer es aquel.

► _____

8. Para mí, nos quedamos en casa.

► _____

9. Sirvieron los canapés a pedir las bocas.

► _____

10. A cierta ciencia no lo sabemos todavía.

► _____

19 **Estas expresiones han perdido la preposición. Escribe tú la que corresponda a cada una.**

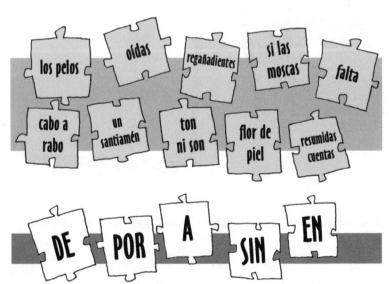

20 **Corrige la acentuación de estas palabras cuando sea necesario.**

ludico-festívo

video-consola

rúegaselo

cortesmente

dulcemente

sofa-cama

21 **Escribe cinco palabras compuestas con acento y otras cinco sin acento.**

con acento

_____
_____
_____
_____

sin acento

_____
_____
_____
_____

22 **Acentúa correctamente.**

astur-leones
hispano-frances
anglo-americano
afro-indio
anglo-hindu
hispano-ingles
hispano-aleman
euro-asiatico
austro-hungaro

23 **Corrige los errores gramaticales y el estilo de esta carta comercial.**

Jacinto del Jazmín Rosa
C/ Invernadero, 9
Vilaflor
38740 Santa Cruz de Tenerife

4 de marzo de 2007

A la atención de Rosa Cortés
Polytrán, S.A.
C/ Príncipe de Vergara, 71
28006 Madrid

Muchos Sres. nuestros:

Me es grato reclamarles el envío de 700 semillas y 2 arbolitos que quedaron ustedes enviarme la semana anterior. La mercancía no ha llegado, tíos, y yo me estoy empezando a enfadar por la lentitud de tortugas que ustedes manifiestan. Me arrepiento por haber pedido de ciegas las semillas y los arbolitos. ¡Jo, es intorerable! Creía que ustedes trabajaban a pies juntillas pero han demostrado ser unos mafiosos. Quiero que me devuelvan el dinero de golpe y porrazo o que me envíen la mercancía solicitada a rajatabla.

Quedo a la espera de sus noticias en un santimén, adiós muy buenas.

Atentamente les da la mano,

Jacinto del Jazmín Rosa

24 **Puntúa las siguientes frases de diversas formas.**

   1. Lo siento de verdad es tarde

   2. Mi infancia alegre agridulce mi vida

   3. Todo terminó afortunadamente

   4. Aunque lo desees mucho no te puedo ayudar

   5. Preguntó por curiosidad Montse hay boda

25 **Este famoso soneto de Quevedo se titula "Amor constante más allá de la muerte". Léelo en voz baja, marca en él las pausas y las sinalefas y puntúalo correctamente.**

Cerrar podrá mis ojos la postrera
sombra que me llevare el blanco día
y podrá desatar esta alma mía
hora a su afán ansioso lisonjera

mas no de esotra parte en la ribera
dejará la memoria en donde ardía
nadar sabe mi llama la agua fría
y perder el respeto a ley severa

Alma a quien todo un dios prisión ha sido
venas que humor a tanto fuego han dado
médulas que han gloriosamente ardido

su cuerpo dejarán no su cuidado
serán ceniza mas tendrá sentido
polvo serán mas polvo enamorado

Digan lo que digan

1 Encuentra en la sopa de letras doce palabras referidas al léxico de la ciudad y de la casa aprendidas en esta lección.

F	A	R	O	L	A	W	C
E	O	I	R	A	M	R	A
O	A	D	N	O	T	O	R
S	A	D	L	A	B	X	I
T	S	G	I	D	N	E	C
E	E	C	F	O	A	L	A
R	A	R	Z	P	O	F	T
R	I	U	U	L	T	I	U
A	B	C	E	A	S	O	R
Z	O	E	A	C	E	R	A
A	M	A	C	A	F	O	S
A	C	I	M	A	R	E	C

2 Amplía tu vocabulario agrupando las palabras siguientes según corresponda.

rambla, porcelana, plaza, glorieta, paseo, banco, línea continua, moqueta, peaje, acuarela, convento, carril, manzana, autopista, estante, busto, cartel, valla, buró, mesilla de noche, chiringuito, adosado, grúa, parquímetro, soportales

CIUDAD

HOGAR

CIRCULACIÓN

3 Elimina la palabra que no corresponde.

1. grabado, óleo, arcilla, acuarela

2. figura, estante, busto, escultura

3. catedral, iglesia, convento, chiringuito

4. buzón, farola, flexo, lámpara

5. cómoda, secreter, buró, baúl

6. playa, mar, arena, catedral

4 Lee atentamente el siguiente texto y complétalo.

Doña Cástula servía siempre el último café de la noche a su patrón, don Carlos Román, en lo que él llamaba su ....: un cuarto que primitivamente había sido acondicionado como consultorio, pero del cual, por la falta de uso, habían ido emigrando las .... que guardaban los instrumentos quirúrgicos, las .... de exploración y operaciones, para dejar solo un título borroso dentro de un ...., un juramento de Hipócrates ya ilegible y una ...., en escala menor, de ese célebre .... en que un médico cuya bata y gorro son blancos forcejea con un esqueleto para disputarle la posesión de un cuerpo de mujer desnudo, joven y sin ningún estigma visible de la enfermedad.

A pesar de que el .... era la parte de la casa más frecuentada por don Carlos, y en la que permanecía casi todo el tiempo, se respiraba en él esa atmósfera impersonal que es tan propia de las habitaciones de los............... No porque aquí no se hubiera hecho ninguna concesión al lujo, ni aun a la comodidad. Sino porque en el .... (reducido al mínimo de un .... de caoba con tres ...., solo uno de los cuales contenía papeles y estaba cerrado) no había ninguna de esas huellas que el hombre va dejando en los objetos cuando se sirve cotidianamente de ellos. Ni el arañazo del que saca punta al lápiz con una navaja, ni la mancha de tinta, cuya marca denota la pluma, porque no escribía.

Rosario Castellanos, *Los convidados de agosto.*

5 Pon el verbo en indicativo o en subjuntivo.

1. ¿Hay alguien que *(ofrecer)* .... su ayuda?

2. Andrés recita la poesía que *(aprender)* .... el año pasado.

3. Este premio es para el que *(recitar)* .... mejor la poesía.

4. Mañana os traeré unas novelas cortas que *(poder)* .... leer sin dificultad.

5. Hay que buscar un taxi que nos *(llevar)* .... a la estación.

6. Vamos a tomar el autobús que nos *(llevar)* .... al centro.

7. Las frases que *(pasar)* .... a la historia de este colegio deben tener un motivo.

8. Lo que me *(pasar)* .... es que me encontré con un amigo y estuvimos tomando un café.

9. No tengo ningún amigo que *(saber)* .... jugar al ajedrez.

10. La calefacción que *(tener, yo)* .... en casa es demasiado fuerte.

11. Puedes llevarte toda la fruta que *(querer)* ....

12. Los que *(levantarse)* .... primero, que despierten a los demás.

13. Los juguetes con los que los niños *(distraerse)* .... eran japoneses.

14. Los que *(llegar)* .... tarde no podrán entrar.

15. El que *(entender)* .... de política es Pedro.

6 **Transforma en negativas las oraciones de relativo que encuentres.**

1. No sé, hay algo en ti que me recuerda a tu padre, sois idénticos.

▶ _____

2. Aunque no se sabe quién provocó el accidente, alguien que lo ha visto ha dicho que el conductor de la furgoneta se saltó el semáforo.

▶ _____

_____

3. Los testigos no dicen nada, pero hay alguno que está seguro de la inocencia del acusado.

▶ _____

4. Llámame mañana al despacho; conozco a alguien que puede ayudarte con este asunto.

▶ _____

5. Ahora lo recuerdo, sí hay algún restaurante en la ciudad donde sirven tacos.

▶ _____

6. Algunos bancos que abren por las tardes han aumentado su cuota de mercado.

▶ _____

7 **Completa las siguientes frases.**

1. No hay nadie que _____

2. La guerra es la situación que más daño_____

3. Tengo un compañero que no _____

4. No tengo ningún compañero que _____

5. No conozco a nadie que _____

6. ¿Conoces a alguien que _____ ?

7. Las matemáticas es la asignatura que más suspensos _____

8. Hay un chico en mi clase que _____

9. Existía un problema que nadie _____

10. Nadie que _____

8 **En los siguientes pares de frases hay alguna diferencia, ¿podrías explicar cuál?**

1
– Abandoné mi puesto de oficina en el partido político porque quería trabajar en una actividad que me ofrecía la posibilidad de estar más en contacto con los problemas reales.
– Abandoné mi puesto de oficina en el partido político porque quería trabajar en una actividad que me ofreciera la posibilidad de estar más en contacto con los problemas reales.

2
– Trabaja en la escuela donde estudió.
– Quería saber dónde estudio.

3
– ¡Que duermas bien!
– ¡Qué estupendo que hayas venido!

4
– Busco una cosa que sirve para señalar la página por donde vas.
– Busco una cosa que sirva para señalar la página por donde vas.

5
– Quiero alquilar una casa que tiene armarios empotrados y trastero porque necesito mucho espacio para mis cosas.
– Quiero alquilar una casa que tenga armarios empotrados y trastero porque necesito mucho espacio para mis cosas.

6
– No hay ningún bordillo que esté en condiciones.
– Solo hay un bordillo que está en condiciones.

9 **Completa las frases con el pronombre o adverbio más adecuado.**

1. .... quieren estudiar portugués deben matricularse en la oficina número cinco.

2. El coche .... faro está partido es el de mi padre.

3. No debes preocuparte por .... ya no tiene remedio.

4. Necesito todas las diapositivas .... estén relacionadas con Picasso.

5. Hemos pedido la ayuda a un profesor, ... nos dirá cómo lo tenemos que hacer.

6. La puerta contra .... se apoyaba cedió y se cayó de espaldas.

7. Hasta que no nos den más medios se hará .... se pueda.

8. Me pregunto .... habrá visto esa película.

9. El chico del .... me hablabas es el novio de Cristina.

10. No sé .... ·encontrar a Pedro.

10 **Di si las siguientes oraciones son correctas; en caso contrario, corrígelas.**

1. El carril por que circulaban solo era para bicicletas, por eso le pusieron la multa.

2. Trae el mapa cuya índice está subrayado. Ahí es dónde tengo apuntado todo el recorrido que hicimos este verano.

3. Asistimos a la ceremonia, tras la que se presentaron los premios Goya.

4. Vimos a ese chico tan amable, el quien nos dijo cómo abrir la puerta.

5. Vi una película durante la que narraban la Revolución Francesa.

6. A la fiesta asistieron todos los partidos políticos, los cuales no perdieron ocasión de hacerse propaganda.

7. No nos equivocamos de camino, fuimos por que decían las instrucciones.

8. Da igual en qué puesto; donde veas naranjas, cómprame un kilo.

9. El quien tenga prisa que lo diga ahora.

10. Tráeme ese, lo que está debajo de la mesa.

11 **Construye oraciones con estructuras de relativo siguiendo el ejemplo.**

Ej.: *casa, pequeño* ⇨ *esta es la casa en la que vivía cuando era pequeño.*

plaza, estatua	buzones, cartas
medalla, concurso	autobús, mujer
caricatura, pintor	bocacalle, casa de mi tía
armarito de baño, peine	piso piloto, pareja de novios
convento, monjas	amigo, trabajo

12 **Sustituye el relativo por otro sin que el significado varíe demasiado.**

Ej.: *Ese es el parque <u>por el que</u> tenemos que cruzar para llegar a la estación.*
Ese es el parque <u>por donde</u> tenemos que cruzar para llegar a la estación.

1. La catedral en la que se celebrará la boda la próxima semana está siendo restaurada.
► _____

2. Hay una rotonda que tiene continuos atascos de tráfico.
► _____

3. El hombre, con el que hablé ayer, me ha pedido todos los papeles.
► _____

4. La escuela donde estudiamos ya no existe; ahora hay un bloque de pisos.
► _____

5. El que nos dijo que cambiásemos de dirección fue Luis.
► _____

6. En este parque había tres estatuas a las que nos subíamos cuando éramos pequeños.
► _____

7. Esa que anuncian ahora es la película con la que hay tantos problemas.
► _____

8. Nos gusta ir a una discoteca que no cobra entrada a sus usuarios.
► _____

9. La casa en donde vivo es del siglo pasado.
► _____

13 **Utiliza una estructura enfática para resaltar la parte subrayada.**

Ej.: *Los dueños de los perros* tienen que mantener limpias a sus mascotas.
   Los dueños de los perros son los que tienen que mantener limpias a sus mascotas.

1. El Ayuntamiento tiene que recoger la basura.

► _____

2. Arriesgándote ganarás más dinero.

► _____

3. Viviré en Ecuador el próximo año.

► _____

4. Los estudiantes deben mantener limpia la biblioteca.

► _____

5. Me gusta dar un paseo después de comer.

► _____

6. En la iglesia de San Antonio se casaron mis padres.

► _____

7. Practicando mucho aciertas siempre.

► _____

8. A eso de las siete se encienden las luces de la calle.

► _____

9. La persona que está en el mostrador de información debe saberlo.

► _____

14 **Construye frases reduplicativas con estos verbos.**

►escribir ►leer ►reírse ►ponerse ►ir ►comprar ►llover ►estar ►acompañar ►sacar

15 **Imagina que vives en una comunidad de ocho vecinos y que el edificio necesita muchas reformas. A la última reunión solo habéis asistido el presidente y tú, pero a pesar de ello las decisiones ya están tomadas. Escribe ocho frases con estructuras reduplicativas siguiendo el ejemplo.**

Ej.: *Digan lo que digan, cambiaremos el suelo del portal.*
   Hagamos lo que hagamos, seguro que se quejan.
   Llamemos a quien llamemos, las obras se harán después del verano.

16 A cada símbolo le corresponde siempre la misma forma, unas veces con tilde y otras sin ella. Averigua el valor de cada dibujo completando las frases.

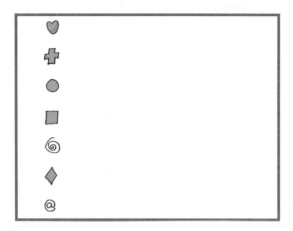

1. No se imagina ● me ha gustado su fiesta, la recordaré siempre.
2. No te preocupes por él, le esperaré aquí venga ♥ venga.
3. A veces lo miro y no sé en ◉ está pensando.
4. Todavía no sabemos ■ nacerá el niño.
5. Dijo ✚ vendría para mayo o junio.
6. No sabemos ◆ ha pintado todas las mesas de las aulas.
7. ♥ nos enseñó el premio nos quedamos atontados, era precioso.
8. Ni te imaginas ● he pensado en ti, todos los días.
9. Nos han comunicado que @ quiera puede apuntarse en una lista para el sorteo.
10. No sé por ◉ se portó así, tal vez sean celos de su hermano.
11. Nos contó ◉ le había ocurrido.

17 ¿Qué preguntarías en cada caso?: ¿qué quieres? o ¿cuál quieres?

18 **Marca en las siguientes frases el acento ortográfico y también el de intensidad según has visto en la lección.**

1. ¿De donde vienes a estas horas?

2. Voy donde quiero.

3. Dice que le de la entrada.

4. ¡Que contento estas tu!

5. Dice que si, que ha sido el.

6. Lo se desde el primer dia.

7. Tu y el sois los culpables de todo.

8. Javier y David, haced el favor de venir.

9. No sabes cuanto lo siento, de verdad.

10. Cuando paro de llover salio el sol.

19 **Escribe frases en las que aparezcan estos pares de palabras.**

1. mi / mí: _____

2. quien / quién: _____

3. que / qué: _____

4. como / cómo: _____

5. se / sé: _____

6. el / él: _____

7. cuando / cuándo: _____

8. de / dé: _____

20 **Escribe frases que expresen antipatía o simpatía hacia las siguientes personas.**

- Tu peluquero

▶ _____

- Tu dentista

▶ _____

- Tu vecina

▶ _____

- Tu profesor de matemáticas

▶ _____

- El novio de tu hermana

▶ _____

- Tu futura suegra

▶ _____

- El presidente de tu país

▶ _____

- El alcalde de tu ciudad

▶ _____

- El cartero de tu barrio

▶ _____

- La cajera del supermercado

▶ _____

21 **Coloca los signos de puntuación que faltan.**

1. Camarero tráiganos la cuenta por favor.

2. Acaso te dijo algo a ti preguntó Juan a Belén.

3. Mozart 1756-1791 cuando tenía seis años ya era un gran músico.

4. Este año Echevarría no participará en el Tour de Francia.

5. Si estudio mucho podré ir a casa de mis abuelos en caso contrario me quedaré en mi casa.

22 **Puntúa el siguiente texto.**

Entonces floreció en una idea que tuvo por digna de su talento y de su cultura universal y de su arduo conocimiento de Aristóteles recordó que para ese día se esperaba un eclipse total de sol y dispuso en lo más íntimo valerse de aquel conocimiento para engañar a sus opresores y salvar la vida si me matáis les dijo puedo hacer que el sol se oscurezca en su altura los indígenas lo miraron fijamente y Bartolomé sorprendió la incredulidad en sus ojos vio que se produjo un pequeño consejo y esperó confiado no sin cierto desdén

Augusto Monterroso, *El eclipse y otros cuentos.*

Creo que vamos a ganar

7

1 **Completa las frases con las palabras de la lista.**

> oposición, libertad de voto, listas electorales,
> urna, democrático, ministro,
> colegio electoral, presidente

1. El .... de Hacienda ha dimitido esta mañana.

2. Dicen que en realidad no hay ....

3. Tengo que consultar las .... porque ya no vivo donde siempre.

4. En el .... donde ha votado mi hermana no había ....
.... y faltó el .... de una mesa.

5. La .... ha declarado que el partido ZXZ no es un partido
....

2 **Busca en la sopa de letras estas diez palabras relacionadas con el léxico de la lección.**

DEMOCRACIA   VOTO   MINISTRO

URNA   NACIÓN   SENADOR

COMICIOS

ESTADO   PRESIDENTE   CENSO

V	O	T	O	R	R	T	Y	O	U	I	O	P	Q	W	E	R	T	Y	U
E	A	S	R	D	F	G	H	D	J	K	L	Ñ	Z	X	C	V	B	N	M
S	Q	W	T	A	S	E	R	A	C	F	P	H	J	K	L	Ñ	O	P	U
C	W	E	S	R	T	Y	U	T	I	O	G	L	Ñ	J	K	H	G	F	D
F	V	B	I	E	N	M	D	S	F	A	S	D	H	J	G	U	K	L	Ñ
G	Q	W	N	D	N	F	G	E	T	N	E	D	I	S	E	R	P	M	N
H	Z	X	I	C	V	A	B	N	J	K	L	Ñ	F	R	T	N	Y	U	I
J	Q	W	M	E	R	T	D	E	M	O	C	R	A	C	I	A	G	H	J
K	Q	E	R	W	Q	T	Y	O	Y	H	V	B	V	O	N	M	Z	X	A
L	S	D	N	E	W	Q	R	T	R	F	G	H	J	M	K	L	Ñ	S	D
Ñ	Q	W	E	O	R	T	Y	U	I	O	P	L	Ñ	I	F	H	G	J	K
P	A	S	D	F	I	R	E	T	Y	U	J	G	J	C	K	L	Ñ	M	N
O	Z	A	Q	S	D	C	E	W	H	J	L	U	I	I	L	Ñ	J	H	Q
K	A	E	T	Y	H	T	A	I	O	P	J	G	H	O	V	B	N	M	X
L	S	D	R	T	Y	U	B	N	X	C	C	E	N	S	O	S	D	E	F

3 Contesta a las siguientes preguntas según el modelo.

Ej.: *¿Por qué no te presentas a las elecciones?*
Porque mi mujer no quiere que me presente.

1. ¿Por qué no te preparas el discurso?

▶ _____

2. ¿Por qué no te acercas al colegio electoral?

▶ _____

3. ¿Por qué prefieres un gobierno liberal?

▶ _____

4. ¿Por qué no has votado en las últimas elecciones?

▶ _____

5. ¿Por qué nunca hablas bien de los partidos políticos?

▶ _____

4 Completa las oraciones.

1. No podemos ir a la piscina, creo que *(llover)* .... esta tarde.

2. He buscado toda la mañana y no sé dónde *(poder)* .... estar mis gafas.

3. El presidente no ha dicho que *(subir)* .... la gasolina.

4. El senador reconoció que *(no leer)* .... los anuncios para la convocatoria.

5. Seguirá oponiéndose, no pienses que *(apoyar)* .... tu proyecto.

6. No he oído que *(venir, él)* .... por el pasillo.

7. Es seguro que *(presentar, ellos)* .... la ley en el Congreso.

8. No está demostrado que los acusados *(cometer)* .... el delito.

9. Se comenta que la oposición *(proponer)* .... una enmienda.

10. La diputada explicó que las consecuencias del incendio *(ser)* .... desastrosas para el parque.

5 Transforma las oraciones siguiendo el ejemplo.

Ej.: *Conduces muy rápido. Me da miedo.*
Me da miedo que conduzcas tan rápido.

1. Hemos ganado las elecciones. Estoy encantado.

▶ _____

2. La mayoría me votará a mí. Lo conseguiré.

▶ _____

3. Juan se va de vacaciones a Egipto. Es fantástico.

▶ _____

4. No ha alcanzado la mayoría absoluta. Es una pena.

▶ _____

5. Han vuelto a subir los precios. Es una vergüenza.

▶ _____

6. No como caracoles. Me da asco.

▶ _____

7. Siempre me cuentas la misma historia. Me aburre.

▶ _____

8. "Id a pelar trescientos kilos de patatas", ordenó el coronel.

▶ _____

9. Estúdiate este libro, eso es lo que quiero.

▶ _____

10. No llegaremos a un acuerdo. Me temo.

▶ _____

6 **Transforma las siguientes frases según el modelo.**

Ej.: *Escribo la redacción porque el profesor lo ha dicho.*
El profesor quiere que escriba la redacción.

1. Hago el viaje porque mi jefe lo ha ordenado.

▶ _____

2. Voy a clase de inglés porque mis padres me obligan.

▶ _____

3. Me pongo la corbata porque el secretario de Estado lo quiere.

▶ _____

4. Traigo las papeletas porque los interventores me lo han pedido.

▶ _____

5. La ley ha sido aprobada porque lo han pedido los votantes.

▶ _____

6. Leo este libro porque mi jefe de partido me lo recomienda.

▶ _____

7. Escucho esta música porque el psicólogo lo aconseja.

▶ _____

8. Hago la declaración de la renta porque Hacienda lo ordena.

▶ _____

9. La oposición habla con el jefe del Gobierno porque los electores se lo han demandado.

▶ _____

10. Doy un discurso porque la ocasión lo requiere.

▶ _____

7 **Transforma las frases formulando preguntas según el modelo.**

Ej.: > *Este fin de semana viene el ministro de Economía.*
< *Me fastidia.*
> *¿Qué te fastidia?*
< *Me fastidia que venga el ministro de Economía.*

1. Habrá más atentados. Me temo.

▶ _____

2. El partido del Gobierno pasará a la oposición en las próximas
elecciones. Me alegra.

▶ _____

▶ _____

3. No hay suficientes urnas para la votación. Creo.

▶ _____

4. Subirán los impuestos. Supongo.

▶ _____

5. Hay muchos tránsfugas en el Congreso. Me pone de los nervios.

▶ _____

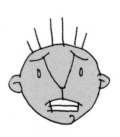

8 Completa las siguientes frases con infinitivo o con subjuntivo precedido de *que*.

1. Es imposible *(viajar)* .... al extranjero sin dinero.
2. Es esencial *(tener, tú)* .... tus papeles en regla.
3. Me gusta *(ir, yo)* .... a Madrid.
4. Juan tiene miedo de *(descubrir, ellos)* .... su plan.
5. Prefiero *(ir, tú)* .... con Carmen.
6. Mis tíos no me permitían *(llegar, yo)* .... tarde.
7. Los profesores no dejan *(comer, nosotros)* .... en clase.
8. No tengo que obligar a María a *(estudiar, ella)* ....
9. Estoy orgulloso de que Jaime *(ser, él)* .... tan buena persona.
10. Prefiero *(comer, yo)* .... paella antes que gazpacho.
11. Se conforma con *(conseguir, él)* .... aprobar este examen.
12. Mi madre quiere *(limpiar, ella)* .... su habitación.
13. Me pone nerviosa *(actuar, él)* .... de esa manera.
14. Es raro no *(encontrar, a él)* .... aquí a estas horas.
15. Me fastidia que mi hermano nunca *(hacer)* .... nada de nada.

9 Pon el infinitivo que aparece entre paréntesis en la forma verbal adecuada.

1. No soporto que *(perder, tú)* .... el tiempo con esas tonterías.
2. Me encanta que *(ser, vosotros)* .... tan buenos amigos.
3. Pedro se extrañó mucho de que no te *(dar, él)* .... permiso para ir a la fiesta con nosotros.
4. Me da rabia que las personas *(criticar)* .... a la gente que no *(conocer)* .... bien.
5. Me fastidiaba que os *(enfadar)* .... con nosotros si no os avisábamos.
6. Nos encantaba que mi abuelo nos *(contar)* .... cuentos cuando éramos pequeños.
7. A mi padre le angustia la idea de que no *(tener, nosotros)* .... trabajo el día de mañana.
8. Se alegró de que *(resolver, vosotros)* .... el problema.
9. Me entristecería mucho que no *(comprender, ella)* .... mis razones.
10. A mi madre no le entusiasma que *(salir, nosotros)* .... juntos todos los días.

10 Elige la forma correcta.

1. Me dolió que me *dijo / dijera* aquellas palabras tan duras.
2. No han dicho que *han estado / hayan estado* en una sala de fiestas en Madrid.
3. Créeme, me alegro de que todo te *vaya / va* tan bien.
4. Me encantaría *hablar / hablara* español perfectamente y que no se me *notar / notara* ningún acento extranjero.
5. Me emocionó que los actores se *besaban / besaran* tan apasionadamente al final de la película.
6. Me da pena que *fueras / seas* así.
7. Me da asco que *hay / haya* tantas escenas violentas en la televisión.
8. Me molesta que mi amigo *usa / use* tantas abreviaturas en sus cartas.
9. Me da rabia que todo el mundo *escuche / escucha* la música tan alta.
10. Al presidente le encantaría que la oposición lo *dejará / dejara* en paz.

11 **Tacha lo que no corresponda teniendo en cuenta las fichas gramaticales de tu libro.**

1. Gustar, molestar, divertir, dar pena, mandar.

2. Acordarse, lavarse, quejarse, caerse, arrepentirse.

3. Sueñe, compro, escuchaba, pensaré, comería.

4. Decir, contar, expresar, afirmar, observar.

5. Pensar, explicar, reconocer, creer, opinar.

12 **Justifica la presencia de indicativo o subjuntivo en estos pares de frases.**

1. No confiesa dónde han estado / No confiese dónde han estado.

2. Es una lástima que pierdas el tiempo / Es una lástima perder el tiempo.

3. Dijo que fue al médico / Dijo que fuera al médico.

4. Quiero que vayas a votar / Quiero ir a votar.

5. No es bueno comer deprisa / No es bueno que comas deprisa.

13 **Transforma libremente las siguientes frases utilizando estas expresiones.**

> *parecer imposible, extraño, poco probable, absurdo, ridículo, imposible, mentira,*
> *normal, raro, innecesario, … + que + **subjuntivo…***

Ej.: *No ha habido muchos electores en las últimas elecciones.*
Me parece normal que no vote la gente, porque están hartos de los políticos.

1. El presidente dimitirá el martes.
   ▶ _____

2. El alcalde ha prometido a los jubilados un viaje por Europa.
   ▶ _____

3. Ese ministro tiene más amantes que dinero.
   ▶ _____

4. Los directores generales desconfían de su suerte en las elecciones.
   ▶ _____

5. Por culpa de los accidentes de tráfico, el Parlamento ha aprobado una nueva subida de los seguros.
   ▶ _____

6. Creo que las listas electorales están amañadas.
   ▶ _____

7. Los secretarios de Estado gastan mucho dinero en dietas.
   ▶ _____

8. El colegio electoral estaba cerrado, aunque todo el mundo esperaba fuera.
   ▶ _____

9. Los ministros del ramo celebraron un desayuno de trabajo.
   ▶ _____

10. Los comicios se adelantarán al próximo verano.
    ▶ _____

14 **Corrige los errores que aparecen en algunas de estas frases.**

1. No está claro que el alcalde lleva la razón en ese asunto.

2. Le aconsejé ir a cenar a nuestro restaurante los jueves a partir de las diez.

3. No he notado que María ha adelgazado.

4. En ese colegio las cuidadoras no dejaban salir de la habitación pasadas las once.

5. No les cuentes que hayas estado en Marbella el fin de semana pasado.

6. Es normal que a su edad le gusta salir los fines de semana.

7. El vicepresidente no ha comunicado que el presidente está ingresado en un hospital.

8. ¿No han explicado por qué el ministro de Trabajo no esté en España?

9. Le gusta patinar con sus amigos.

10. Me pone a cien que mi vecina siempre repite lo que digo.

15 **Sustituye el verbo *hacer* por otros, de manera que no se repita ninguno.**

1. No me gusta nada *hacer* mi cuarto todas las mañanas.

2. Quiero *hacer* viajes siempre que pueda.

3. Prefiero *hacer* este ejercicio de matemáticas.

4. No quiero que *hagas* nada.

5. *Hazlo* cuando puedas.

6. Todavía no *he hecho* la carta.

7. No sé cuántos cuadros *hace* al día.

8. Mientras Carlos *hacía* la comida, yo *hacía* las quinielas.

9. Quiero que *hagas* de todo.

10. Nunca *he hecho* paseos tan largos.

16 **Sustituye todas las abreviaturas en los siguientes anuncios.**

El Dpto. de Contabilidad necesita un@ Dr./Dra. en Sistemas Infocomerciales para Cías. filiales.
Contactar con D.ª Estefanía Suárez.

1

Edificios exclusivos en el E de Madrid. C/ Sidarta, n.° 3, 2.° izqda. Llámenos, somos Offices, S.L.

2

Pío XII, en el SO de Madrid. Plazas garaje en Sta. Coloma, 16. Consulte con nuestro Dpto. de Ventas y pregunte por D. Luis del Haya. Uds. decidirán cuándo se lo cargamos en su cta.

3

17 Escribe un texto en el que aparezcan estas abreviaturas.

cap.

pág.

etc.

Sr.

Ud.

p. ej.

gral.

18 Completa el texto utilizando estos verbos.

prohibir, aconsejar, rumorear, creer, considerar, decir,
gustar, animar, pensar

Mi padre .... que el programa político más votado .... a los menores de edad beber alcohol porque .... que es obligación del Gobierno tomar cartas en el asunto. Muchos padres .... esta medida y se .... que pueda llegar pronto a extenderse a otros países. A mí me .... que .... a los jóvenes a participar en el proyecto para que no sean vistos solo como víctimas. Además, lo que .... la oposición no es cierto. Más bien hay que .... que es todo producto de la envidia.

19 Vamos a jugar con la palabra **PARLAMENTO**. Combinando sus letras, forma otras quince palabras españolas.

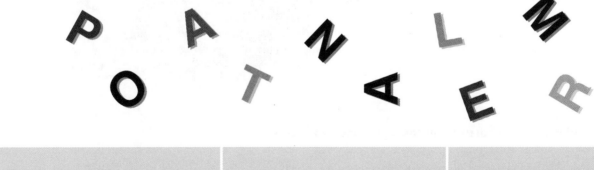

20 **Reacciona y expresa tus deseos ante estas situaciones.**

1. Juan quiere ser el presidente del Gobierno.

   ► _____

2. Tu hermano va a una fiesta de disfraces.

   ► _____

3. Tu prima tiene una entrevista de trabajo.

   ► _____

4. Quieres que dimita el director general.

   ► _____

5. El ministro de Hacienda ha ordenado una inspección en tu empresa.

   ► _____

21 **Observa la fotografía y relaciona cada orden con un personaje.**

1. Ha dicho que bajes la radio.

2. Venga a verme a primera hora.

3. Venga, vámonos ahora.

4. Puedes venir a buscarme a las seis, después de clase.

5. Lo harás como yo te diga.

6. Reacciona y pon más energía.

7. ¿Me dejas tu jersey marrón?

8. Deberías obedecer más a tus padres.

22 **Une las oraciones de la columna _a_ con sus correspondientes en la columna _b_.**

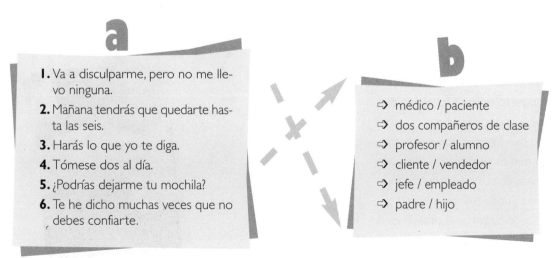

a

1. Va a disculparme, pero no me llevo ninguna.

2. Mañana tendrás que quedarte hasta las seis.

3. Harás lo que yo te diga.

4. Tómese dos al día.

5. ¿Podrías dejarme tu mochila?

6. Te he dicho muchas veces que no debes confiarte.

b

⇨ médico / paciente

⇨ dos compañeros de clase

⇨ profesor / alumno

⇨ cliente / vendedor

⇨ jefe / empleado

⇨ padre / hijo

23 Da consejos, instrucciones y órdenes según los casos.

I. Di a tu hermano que limpie su habitación.
▶ _____

2. Anima a tu jefe a presentarse a las elecciones.
▶ _____

3. Pide a tu profesor que revise de nuevo tu examen.
▶ _____

4. Ordena a tu empleado que termine el informe.
▶ _____

5. Explica a tu abuela cómo funciona la lavadora nueva.
▶ _____

6. Dile a tu amiga que el profesor de inglés quiere verla.
▶ _____

7. Diles a tus compañeros que no fumen tanto.
▶ _____

24 Imagina que eres el asesor de imagen del presidente de tu país. Dile lo que quieres y lo que no quieres que haga. Construye al menos diez frases.

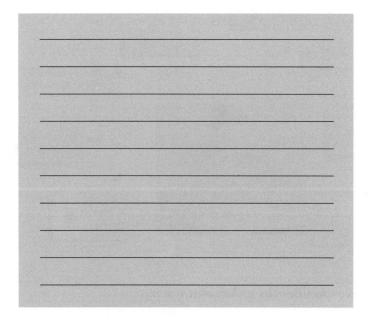

25 Indica el matiz que expresan las siguientes frases.

I. ¡Ay! Es insoportable, creo que voy a vomitar.

2. No soporto que me regañes tanto.

3. No sé a quién voy a votar.

4. Tengo miedo de lo que me va a decir el médico.

5. Creo que es demasiado tarde…

6. No aguanto sus salidas de tono.

7. Esto no puede salir bien.

8. No puedo soportar las imágenes del Holocausto.

9. Cada vez que lo veo cruzo los dedos.

10. ¡Cómo me molesta ese ruido!

El tiempo es oro

8

1 Relaciona las dos columnas. Si puedes, añade alguna palabra más.

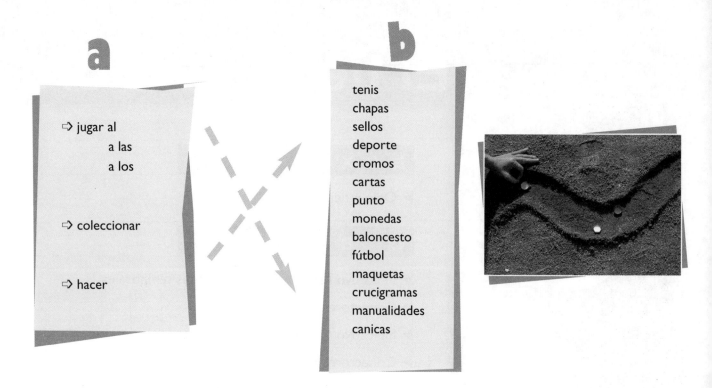

a

⇨ jugar al
   a las
   a los

⇨ coleccionar

⇨ hacer

b

tenis
chapas
sellos
deporte
cromos
cartas
punto
monedas
baloncesto
fútbol
maquetas
crucigramas
manualidades
canicas

2 Busca el instrumento musical al que se refieren las siguientes definiciones. ¿Sabes cómo se llaman los profesionales que tocan estos instrumentos?

1. Instrumento de percusión, compuesto por un conjunto de cuerdas metálicas de diferentes medidas y unos martillos que las golpean al pulsar las teclas.

2. Instrumento de cuerda, de tamaño pequeño, timbre agudo y que se toca con un arco.

3. Instrumento de viento en forma de tubo con agujeros, que se toca soplando y tapando los agujeros con los dedos.

4. Instrumento de cuerdas, formado por un mástil y una caja de madera con los lados curvados y un agujero redondo en el centro de la tapa.

5. Instrumento de viento de la familia del metal, de sonido agudo, que consiste en un tubo que se abre en forma de cono por uno de sus extremos y que tiene una boquilla en el otro.

6. Instrumento de viento de la familia del metal, formado por un tubo doblado en forma de U por el extremo inferior, con llaves, y que se toca soplando por una boquilla de madera.

7. Instrumento de cuerda con forma de triángulo y con cuerdas que se hacen vibrar tocándolas con los dedos de ambas manos.

8. Instrumento de percusión formado por varios tambores y platos que se hacen sonar con unos palos muy finos.

3 En cada serie de palabras hay una que no corresponde, ¿cuál es?

1. golfista, futbolista, windsurfista, ciclista, pianista

2. artista, patinadora, pintora, diseñadora, escultora

3. coleccionar sellos, hacer puzzles, montar maquetas, hacer repostería, dar paseos

4. futbolín, parchís, pelota, monopoli, baraja

4 Laberinto silábico.

1. Primera persona del presente de subjuntivo del verbo *nadar.*

2. Los fines de semana tengo un poco de tiempo y practico algo de…

3. Persona que practica el tenis.

4. Lugar donde se practica yudo.

5. Cada una de las 60 partes en que se divide la hora.

6. Bebida transparente y sin alcohol, elaborada con agua y ácido carbónico y de sabor ligeramente amargo.

7. Aro grande con una red a su alrededor por el que hay que meter la pelota en el juego del baloncesto.

8. Deporte de contacto de origen coreano.

9. Juego de mesa en el que se usan 28 fichas rectangulares divididas en dos cuadrados iguales que llevan marcados una serie de puntos negros del 0 al 6.

10. Atracción de feria que consiste en una gran rueda, con asientos para las personas, que gira verticalmente.

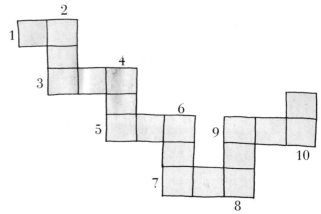

5 Pon en futuro las siguientes frases.

1. No volví a verla hasta que no regresó de Túnez.

▶ _____

2. Ya sabes que no me gusta, pero me pongo corbata siempre que tengo que ir a una reunión importante.

▶ _____

3. Cuando llego a casa me pongo unas zapatillas para estar más cómodo.

▶ _____

4. Después de hacer el ejercicio anterior lo mejor es tomarse un respiro.

▶ _____

5. Tan pronto como tengo ocasión voy al cine o al teatro con Andrés.

▶ _____

6. Cuando pasaste por la puerta del estanco, te acordaste de que tenías que comprar sellos.

▶ _____

7. Tan pronto como tenía noticias vuestras, me ponía muy contenta.

▶ _____

8. En cuanto la vio, se puso a llorar de alegría.

▶ _____

9. Antes de irse me ayudó a recoger un poco la casa.

▶ _____

10. En cuanto el tren llegó a la estación, recogió mis maletas y me llevó al hotel.

▶ _____

6 Intenta formar oraciones con estos elementos.

1. Antes de / venir / preguntar la dirección _____

2. Al / conducir / hablar por teléfono _____

3. Nada más / llover / crecer setas _____

4. Después de / ver / comentar la película _____

5. Siempre que / tener tiempo / repasar el examen _____

6. Tan pronto como / traer / la baraja / jugar a las cartas _____

7. Mientras / comer / ver la tele _____

8. Una vez que / avisar / empezar el concurso _____

9. No bien / llamar / abrir la puerta _____

10. Antes de que / escuchar / decir no _____

11. Después de que / examinar / recetar / unos sobres _____

12. Apenas / oír / marcharse _____

13. Cuando / coger el tren / equivocarse / andén _____

14. Mientras / trabajar en Chile / conocer _____

15. Leer / entre tanto / jugar _____

7 Completa estas oraciones con la forma verbal adecuada.

1. Antes de *(estudiar)* .... recoge el cuarto.

2. Después de que *(hablar)* .... todos aplaudirán.

3. Reserva los billetes, entre tanto yo *(llamar)* .... a un taxi.

4. Compró más comida una vez que *(avisar)* .... por teléfono.

5. Se puso a llorar al *(ver)* .... el informativo.

6. Apenas *(decir)* .... algo todos se marchan.

7. Prepararé la cena antes de que *(venir)* ....

8. Cada vez que nos *(reunir)* .... hablamos del tema.

9. Mientras *(charlar)* .... damos un paseo.

10. Empezó a llover nada más *(entrar)* .... en casa.

8 **Escribe el conector temporal adecuado en las siguientes frases.**

I. No he llamado a mi madre .... llegué a Londres.

2. No te volveré a escribir .... tú no lo hagas.

3. No puedo hacerlo todo a la vez. Yo voy consultando este libro y .... tú ve escribiendo eso al ordenador.

4. Lo entendí mucho mejor .... hablarlo con el profesor.

5. .... consiguió ese papel secundario en la película no hay quien lo aguante.

6. Cepíllate los dientes .... irte a la cama.

7. No me gusta que me molesten .... estoy trabajando.

8. .... decidirte a comprar ese equipo de golf tan caro pregunta en otras tiendas.

9. Llámame desde el aeropuerto .... subir al avión.

10. Nos cruzamos .... entrar al supermercado. Él salía y yo entraba.

II. .... voy haciéndome mayor pienso las cosas con más tranquilidad.

12. .... nos reunimos con los amigos de Adolfo, terminamos discutiendo.

13. Estábamos sentados en el cine esperando que empezara la película y .... empezó, todo el mundo se puso a comer palomitas.

14. Se nos estropearon los frenos del coche en pleno viaje y .... pudimos paramos en el taller más cercano para arreglarlo.

15. De pequeño siempre decía la verdad, pero .... fue creciendo se volvió más mentiroso.

9 **Pon los verbos entre paréntesis en la forma adecuada.**

Antes de *(venir)* .... a Madrid me daba miedo pensar en una ciudad tan grande, pero una vez que *(poner)* .... el pie en el aeropuerto me sentí más tranquila. Cuando *(recoger)* .... las maletas y *(subir)* .... al taxi, pensé que en el fondo todas las ciudades eran iguales. Nada más *(llegar)* .... a casa me sentí un poco sola, pero a los pocos días conocí a un montón de gente. Ellos también habían venido a estudiar y después de que *(charlar)* .... un rato, nos dimos cuenta de que teníamos los mismos problemas. No es fácil adaptarse a un país extranjero hasta que *(pasar)* .... un tiempo.

10 **Completa las oraciones teniendo en cuenta si comparten el mismo sujeto o no. Recuerda que en este último caso puede haber dos posibilidades.**

I. Su mujer es polaca, la conoció después de *(venir)* .... a vivir a España. (≠ sujeto)

2. Laura se dejó el billete en casa. Lo supo antes de *(coger)* .... el tren. (= sujeto)

3. Mónica y Soco se olvidaron las llaves en casa. Se dieron cuenta al *(cerrar)* .... la puerta. (= sujeto)

4. No haremos la fiesta hasta *(saber)* .... el resultado definitivo del partido. (= sujeto)

5. Penélope y Fátima ya se conocían. Lo supe nada más *(entrar)* .... en el despacho. (≠ sujeto)

11 En estas oraciones falta un conector temporal, ¿sabes cuál?

1. Yo, que tú, terminaría el trabajo .... me obligaran.

2. No me gusta la ciudad .... hay tanto tráfico por las mañanas.

3. .... de dormir la siesta no hay nada como dar un buen paseo por el campo.

4. Todos los días iba al trabajo con un compañero de trabajo .... decidí comprarme un coche.

5. Yo no sé lo que pasa, pero .... llamo a su casa me dicen que ha salido.

6. Llámame a la casa de la playa .... tengas alguna novedad sobre tu trabajo.

7. .... tú quieras te pasas por casa y hablamos un rato .... tomamos un café.

8. Nos lo comunicaron .... estábamos en la reunión.

9. Me harías un gran favor si terminas el trabajo .... puedas.

10. ¡Qué contenta me puse .... verte!

12 Completa libremente las siguientes frases.

1. Cuando .... dile que ....

2. Cuando .... después de .... dile que ....

3. Después de .... una vez que .... le pedís que ....

4. Antes de que .... nos dijo que .... tan pronto como ....

5. Yo .... mientras tanto tú ....

6. En cuanto ...., antes de ....

7. Me dijo que desde que .... hasta que .... no ....

8. Nunca cuando .... le ha dicho que ....

9. Antes de .... tan pronto como ...., le decís que .... hasta que ....

10. ...., mientras yo ....

13 Completa este cuadro con los conectores finales que has aprendido.

> **Conectores finales**
> ⇨ Los que se utilizan con verbos de movimiento son: _____
> ⇨ Los más frecuentes para resaltar el fin son: _____
> ⇨ Los menos frecuentes para resaltar el fin son: _____

14 Relaciona los elementos de los dos bloques y construye frases utilizando diferentes conectores.

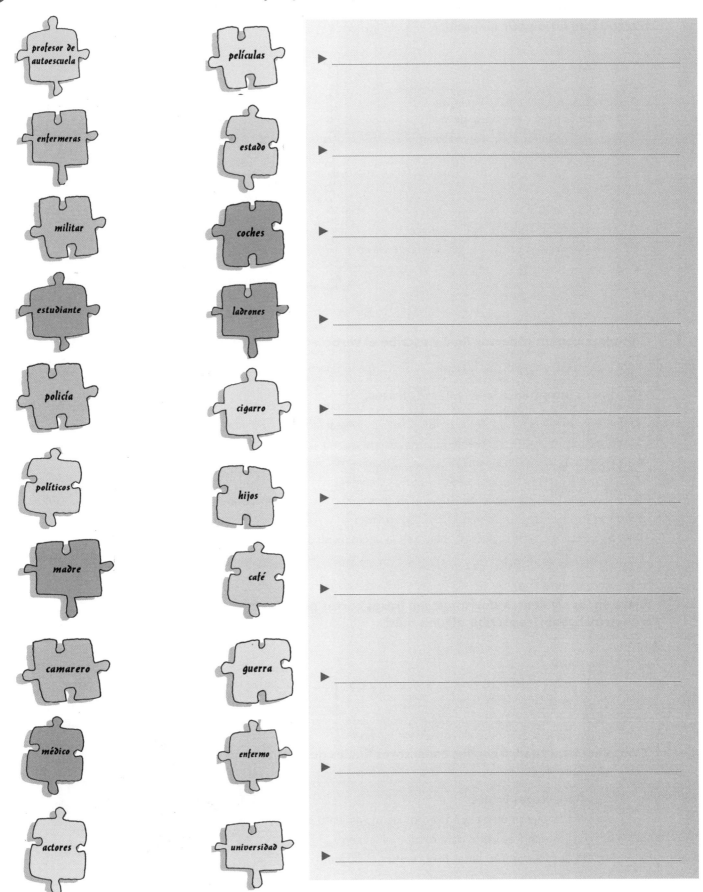

profesor de autoescuela

enfermeras

militar

estudiante

policía

políticos

madre

camarero

médico

actores

películas

estado

coches

ladrones

cigarro

hijos

café

guerra

enfermo

universidad

▶ _____

▶ _____

▶ _____

▶ _____

▶ _____

▶ _____

▶ _____

▶ _____

▶ _____

▶ _____

15 Con los conectores y los verbos que te damos a continuación, forma diez oraciones que tengan sentido y que sean gramaticalmente correctas. Sigue el orden de los conectores tratando de no repetir ninguno.

⇨ *para (que), a (que), a fin de (que), con la intención de (que), con el objeto de (que)*

⇨ venir, correr, mirar, abrir, leer, trabajar, escribir, telefonear, dormir, perderse

16 Completa con un conector final y escribe el verbo en la forma adecuada.

1. Iré este invierno a algún país hispano .... *(perfeccionar, yo)* .... español.

2. Te enseñaré el informe .... lo *(ver, tú)* .... y me *(dar)* .... tu opinión.

3. No estudiaba .... sus padres *(estar)* .... contentos, sino .... *(saber, él)* .... más.

4. Me llamó Tomás .... *(ir, nosotros)* .... a pasar las vacaciones con su familia.

5. También yo trabajaré este verano .... *(conseguir, yo)* .... algo de dinero.

6. La profesora me explicó el sentido .... *(comprender, yo)* .... mejor lo que estaba diciendo.

7. Lo hizo así .... todos *(quedar)* .... contentos.

8. Convéncele .... *(venir, él)* .... y *(pasar, él)* .... aquí unos días con nosotros.

9. Lo han traído .... *(animar)* .... la fiesta.

10. Al final, ... *(terminar, ellos)* .... la discusión, se dieron la mano.

17 Fíjate en los siguientes aforismos; son frases cortas que tienen un contenido moral o doctrinal. ¿Sabrías escribir alguno más?

⇨ El amor no debe tocar nunca el suelo para que no se lo lleven las hormigas.

⇨ Arrojé un piano al mar para que se convirtiera en pianola. Creía que el lenguaje de los hombres coincidía con el del universo.

⇨ Si ella plancha tu camisa, plánchale tú su falda y si no sabes planchar reza para que el día alise la ropa de las mujeres.

Pedro Casariego Córdoba.

18 Marca la opción correcta.

1. Se pasa la vida recorriendo los caminos sin quedarse definitivamente en ninguno; parece un *vagamundo / vagabundo.*

2. La comida ha sido un poco pesada, creo que voy a tomar un poco de *bizcarbonato / bicarbonato* para sentirme mejor.

3. Mi madre se volvió a casar el año pasado, así que ahora tengo nuevo *padastro / padrastro.*

4. Ayer por la tarde vino un vendedor a casa e intentó vendernos una nueva *enciclopedia / encicopledia.*

5. Cuando pases por el supermercado de la esquina acuérdate de comprar *dentrífico / dentífrico* porque ya no nos queda.

19 Elige la opción correcta.

1. A pesar de *tener / tenga* 38 años sigue jugando al fútbol.

2. Por poco que *entrenas / entrenes,* conseguirás llegar a la meta.

3. Ganaron la copa, y eso que *estaban / estuvieran* los últimos en la clasificación.

4. Le compraron la bicicleta a sabiendas de que *quería / quisiera* una moto.

5. Por muy interesante que *es / sea* el estreno, no iré.

6. Llegó a las tres pese a que la exposición se *inauguró / inaugurara* a las doce.

7. Aun *lo supiera / sabiéndolo* no dijo nada.

8. Por mucho que te *esfuerces / esfuerzas* no acabarás a tiempo.

9. Le llamaron por teléfono, y eso que *fueran / eran* las tres de la mañana.

10. Pese a *ser / fuera* invitado, rechazó participar en el concurso.

20 Completa los diálogos con el verbo en la forma correcta.

1. > Estoy pensando en visitar México.

< Yo te lo aconsejaría, de verdad.

> ¿Sí? ¿Es tan bonito como dicen?

< Por mucho que te *(contar)* ...., no se puede expresar con palabras.

> Vaya, pues aun *(tener)* .... tan pocos días de vacaciones, creo que haré un esfuerzo e iré.

< No te arrepentirás.

2. > ¿No ha llegado todavía?

< No, insistió en venir en tren y…

> Y eso que le *(advertir, yo)* .... que había huelga todo el día.

< Sí, pero ya sabes cómo es.

3. > El representante del Gobierno estará esta tarde en la Gala Benéfica del barrio; a pesar de *(ser)* .... uno de los hombres más influyentes del país, saca tiempo para estas cosas.

< ¿En nuestra Gala? Pero si no tendrá publicidad ni nada.

> Aunque no *(tener)* .... importancia él intenta ayudar como puede.

< Sí, ya ha demostrado en otras ocasiones que está donde se le necesita, por mucho que les *(pesar)* .... a otros.

21 **Pon el verbo en presente de indicativo, presente de subjuntivo o imperfecto de subjuntivo.**

1. *A:* Oye, tenemos que irnos ya, que es muy tarde.

   B: Tranquilo, aunque *(llegar)* .... un poco tarde nos esperarán.

2. *A:* ¿Ha aprobado ya tu hermano el examen de conducir?

   B: ¡Qué va! Aunque *(tomárselo)* .... muy en serio, no lo consigue.

3. *A:* ¿Y te atreves a ir tú sola? ¿No será peligroso?

   B: ¿Peligroso? ¡Vamos…! Y aunque lo *(ser)* ...., valdría la pena.

4. *A:* ¿Te quieres casar conmigo?

   B: No me casaría contigo aunque *(ser)* .... el único hombre sobre la Tierra.

5. *A:* Tu amiga parece simpática.

   B: Sí; aunque *(tener)* .... mucho carácter a veces, ¿sabes?

6. *A:* No me digas que Lucas no puede echarte una mano.

   B: Aunque *(trabajar)* .... allí, no tiene mucha confianza con su jefe.

7. *A:* Llévate el abrigo, que nunca se sabe allí arriba.

   B: Aunque *(poder)* .... hacer más frío, tampoco será para tanto.·

8. *A:* ¿Sabes ya algo de la prueba del otro día?

   B: Nada, pero no salí muy contenta. Además, aunque *(pasar)* .... este primer examen
   . hay otros tres aún más difíciles.

22 **Utiliza un conector concesivo y el verbo en el tiempo y modo adecuados para transformar las siguientes frases.**

Ej.: *Había mucha gente, pero consiguió sacar las entradas para el partido.*

   Aunque había mucha gente consiguió sacar las entradas para el partido.

1. La acústica sería muy buena, pero el grupo sonaba muy mal.

   ▶ _____

2. Parecería un simple turista, pero no logró convencer a la policía.

   ▶ _____

   _____

3. Es un buen estudiante, pero no aprueba ni un examen.

   ▶ _____

4. Se encontrará mejor de salud, pero sigue sin levantarse de la cama.

   ▶ _____

   _____

5. Discuten todo el día por cualquier tontería, pero no pueden vivir el uno sin el otro.

   ▶ _____

   _____

23 **Sustituye el verbo *dar* por otro que se adecue al contexto. Procura que no se repita ninguno.**

1. Cuando murió su tía, *dio* todo su dinero a los más necesitados.

2. Para conseguir el carné tienes que *dar* las fotos y los documentos en la ventanilla de la derecha.

3. Los hermanos fueron muy generosos y *dieron* parte de la herencia al resto de los familiares.

4. Le han *dado* el tercer premio del concurso de arte al que se presentó.

5. Fue al banco para pedir un préstamo y se lo han *dado*.

6. En esta habitación no se ve muy bien, ¿puedes *dar* otra luz?

7. Se enfadaron tanto que llegaron a *darse* un puñetazo.

8. ¿Me puedes *dar* tu escalera para pintar el techo de mi habitación?

9. El día de Navidad *dan* una gran fiesta para todos los empleados.

10. Estuvo en su casa por su cumpleaños y le *dio* una caja de bombones.

24 Escribe las segundas personas del plural del presente de indicativo y subjuntivo de estos verbos.

VERBOS

morder	_____
guardar	_____
habitar	_____
tirar	_____
meter	_____
oler	_____
saltar	_____
extender	_____
obedecer	_____
mirar	_____

25 Escribe un breve texto exponiendo las razones por las cuales pides al director de tu colegio una beca para estudiar un año en un país extranjero. Sigue las indicaciones que te hemos dado en el Libro del Alumno.

_____
_____
_____
_____
_____
_____
_____
_____

26 Corrige los posibles errores que pueda haber en estas frases.

1. Antes de que vienes iremos a la compra.
2. Venimos temprano a fin de que tendremos una buena reserva.
3. Mientras llueva me quedaré en casa.
4. Desde que me conoces nunca te he mentido.
5. He llamado para tú venir a mi casa.
6. Por muy grande que sea la casa no cabremos todos.
7. Cada vez que te asomas por la puerta me distraerás.
8. No corras, que no pareces nervioso.
9. Me saludaron nada más llegar.
10. Te llamaré después de que llego a Madrid.

Como el gato y el ratón

9

1 **Relaciona las dos columnas.**

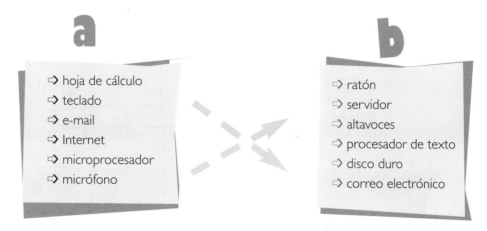

a
- ⇨ hoja de cálculo
- ⇨ teclado
- ⇨ e-mail
- ⇨ Internet
- ⇨ microprocesador
- ⇨ micrófono

b
- ⇨ ratón
- ⇨ servidor
- ⇨ altavoces
- ⇨ procesador de texto
- ⇨ disco duro
- ⇨ correo electrónico

2 **Completa el crucigrama.**

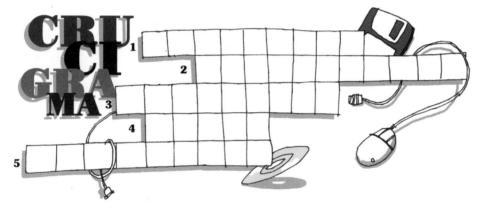

1. Computadora.
2. Sobre esto se desliza el ratón.
3. En él guardas información.
4. Lo puedes llevar en una mano y cabe toda una enciclopedia.
5. Tienes que tener una para que te manden el correo.

3 **Tacha la palabra que no proceda.**

1. móvil, fijo, cobertura, ratón
2. tarifa plana, pantalla, prepago, contrato
3. televisión por cable, procesador, micrófono, teclado
4. línea, cable, red, procesador

4 **A partir de estas letras, forma palabras relacionadas con la informática y las telecomunicaciones. En cada línea sobra una letra.**

- ⇨ p, s, c, a, r, r, e, d, o, u, o   ⇨ _____
- ⇨ b, a, c, o, l, e   ⇨ _____
- ⇨ c, u, r, e, t, r, a, b, o, l   ⇨ _____
- ⇨ o, m, e, r, d, m,   ⇨ _____
- ⇨ p, a, b, m, r, a, g, r, o   ⇨ _____
- ⇨ a, e, c, n, a, t, n,   ⇨ _____

5 Completa el siguiente crucigrama silábico.

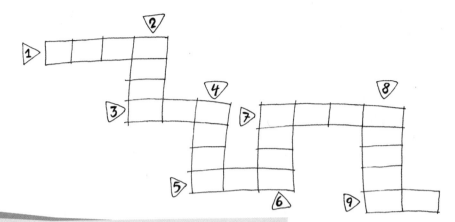

1. Computador.
2. 3.ª persona, plural, condicional simple del verbo *dormir*.
3. Si no lo tiene tu móvil, no recibes bien la señal.
4. 1.ª o 3.ª persona, singular, condicional simple del verbo *nadar*.
5. @
6. Sirve para acumular electricidad.
7. Que viaja por el aire, masculino.
8. Persona que informa por teléfono, femenino.
9. Animal o periférico.

6 Completa con el tiempo y modo verbal adecuados.

1. Si *(poder)* ...., avísame por teléfono.
2. Que *(estar)* .... el profesor, le dejas el trabajo; que no, *(dejárselo)* .... en el casillero.
3. Con que *(caminar, tú)* .... veinte minutos al día, es suficiente.
4. No podremos pasar al otro lado a no ser que *(saltar)* .... la valla.
5. Dijeron que, de *(venir)* ...., lo harían en avión.
6. No acudirán a la manifestación salvo si *(ponerse)* .... de acuerdo ambos sindicatos.
7. El salón de actos se utilizará siempre que *(estar)* .... todos de acuerdo.
8. Abre la puerta y *(llevarte)* .... una buena sorpresa.
9. Diríjanse todos a las salidas en el caso de que *(sonar)* .... las alarmas.
10. No me hables, que no *(estar, yo)* .... de buen humor.

7 Elige la opción correcta.

1. Que *puedes / puedas,* te lo compras; que no, otra vez será.
2. A menos que *tienes / tengas* un ordenador potente, no te funcionará ese juego.
3. Todos visitaremos la exposición menos si no *conseguimos / consigamos* suficientes entradas.
4. Podéis pasar siempre y cuando *observáis / observéis* las normas de comportamiento.
5. Mientras *tendrás / tengas* amigos todo irá bien.
6. *Esperando / esperar* tanto tiempo me he quedado dormido.
7. Salvo que *haya / hay* problemas, cogeremos el vuelo de las once.
8. Te invito a cenar a cambio de que *traes / traigas* una tarta.
9. Si *estuviera / está* cansado, déjalo dormir hasta las dos.
10. Con *salir / salgamos* de aquí a las tres, llegaremos a tiempo a la reunión.

8 **A este hombre le gustaría ser de otra manera. Completa las frases.**

9 **Completa los siguientes diálogos con *no, porque* y *es que*.**

1. ⇨ ¿De verdad no vas a ir a la fiesta?
   ⇨ Ya te he dicho que no.
   ⇨ Si lo dices .... se te ha estropeado el coche, yo te presto el mío.
   ⇨ .... voy a la fiesta .... se me haya estropeado, sino .... no me apetece.

2. ➡ Buenos días, soy la profesora de Elena, ¿es usted su madre?
   ➡ Sí, yo soy.
   ➡ Llamaba para preguntar por qué no ha venido hoy a la escuela.
   ➡ .... está con gripe.
   ➡ Espero que se mejore.

3. ⇒ Todo el mundo le preguntó por la fecha de la boda y no dijo nada, a lo mejor no quiere que nadie la sepa.
   ⇒ .... no la quiera decir, ... no la sabe.

4. ⇒ Han encerrado en la cárcel al hombre que ganó el concurso de la tele.
   ⇒ ¿El que contestó a todas las preguntas?
   ⇒ Eso es, por lo visto ...... contestó ...... fuera listo, sino ...... alguien se las dijo; llevaba un transmisor.

10 **Completa con el modo verbal adecuado.**

1. Te lo he dicho varias veces; puesto que *(querer)* .... tres columnas, tienes que marcar tres casillas.

2. Como *(decir, tú)* .... que ya tenías una, no te hemos comprado entrada.

3. A las tres de la tarde se presentó la policía y requisaron todos los ordenadores, pues *(ser)* .... robados.

4. Hemos comprado altavoces nuevos; es que los otros *(estar)* .... muy viejos y *(sonar)* .... muy mal.

5. Dado que solo *(tener, nosotros)* .... tres días, será mejor empezar ya.

6. –¿No vienes a tomar algo?
   –Es que me *(doler)* .... la cabeza.

7. Desde luego ¡qué mala suerte! Por no *(leer)* .... la etiqueta, he estropeado la camisa.

8. Estoy muy contenta; gracias a que nos *(conceder, ellos)* .... el préstamo podremos comprar el piso en otoño.

9. Esta semana estoy contenta, no porque *(estar)* .... de buen humor, sino porque *(ser)* .... mi cumpleaños.

10. Tranquilo, no tengas prisa, que no *(empezar, ellos)* .... hasta que no lleguemos.

11 Construye oraciones según el ejemplo; tienes que elegir entre *(no) porque* y *(no) es que.*

Ej.: *Visité al médico. No estaba enfermo. Es mi amigo.*
     Visité al médico, no porque estuviera enfermo, sino porque es mi amigo.

1. Sabes manejar este programa. Tienes que olvidarte de los otros. Los otros son antiguos.
▶ _____

2. Vas más rápido. Tienes un Pentium. Has eliminado ficheros inútiles.
▶ _____

3. Me dan miedo los aviones. No tuve un accidente. Tengo claustrofobia.
▶ _____

4. Tardamos en establecer la conexión. Sabemos navegar por Internet. El servidor está saturado.
▶ _____

5. Cambió los altavoces. Tienen poca potencia. No están rotos.
▶ _____

6. Guarda la información en un disco. No te la lleves a casa. Tienes más seguridad.
▶ _____

7. La impresora no imprime bien. Falta tinta. Necesita papel continuo.
▶ _____

12 Une las siguientes oraciones con el conector adecuado según el modelo.

Ej.: *Tienes hambre. Come todo lo que quieras. (ya que, porque)*
     Ya que tienes hambre, come todo lo que quieras.

1. Detuvieron a los ladrones. Un hombre llamó por el móvil a la policía. *(como, gracias a que)*
▶ _____

2. Te ha pillado el atasco de la manifestación. No has visto la tele. *(por, gracias a que)*
▶ _____

3. Quieres ganar la carrera. Tienes que entrenar dos horas todos los días. *(ya que, es que)*
▶ _____

4. Juan se esfuerza por entenderlo. La cabeza ha empezado a dolerle. *(por, de tanto)*
▶ _____

5. No tengo coche. Me iré de vacaciones en tren. *(como, gracias a que)*
▶ _____

6. Iremos al museo el martes por la mañana. Hoy no me encuentro bien. *(como, porque)*
▶ _____

7. Apaga todas las luces. Van a entrar todos los mosquitos. *(puesto que, que)*
▶ _____

8. Podemos pintar la casa. Ahora tienes tiempo libre. *(puesto que, es que)*
▶ _____

9. Estoy más tranquila. Han detenido a los estafadores esta mañana. *(pues, a fuerza de)*
▶ _____

10. No te avisé anoche. Pensé que no te preocuparías tanto. *(es que, de tanto)*
▶ _____

11. Ha conseguido memorizar toda la información. La ha leído muchas veces. *(a fuerza de, como)*
▶ _____

12. Estamos todos aquí. Empezaremos la reunión. *(dado que, pues)*
▶ _____

13 **Completa con el tiempo y modo adecuados.**

1. Nos veremos a las cuatro, ya que no *(poder, tú)* .... a las tres.

2. Consiguió ganar el primer puesto de la carrera a fuerza de *(entrenar, él)* .... todos los días.

3. No creas que no quiero hacerlo. Es que *(no darme)* .... tiempo.

4. Déjalo ya, que *(tener que marcharse, nosotros)* .... ahora.

5. Como *(dejar, tú)* .... el paquete junto a la basura, pensé que ya no lo necesitabas.

6. Gracias a que *(llegar, ellos)* .... con dos horas de adelanto al aeropuerto, consiguieron coger el avión.

7. Por *(no haber acabado)* .... el trabajo, te quedarás en la biblioteca todas las tardes durante un mes.

8. No tiene intención de abandonar la casa, pues *(no llevarse, él)* .... el dinero ni la documentación.

9. No voy de viaje con la empresa porque *(obligarme)* ...., sino porque *(apetecerme)* ....

14 **Completa las siguientes oraciones.**

1. Había tanta gente que *(irnos)* .... en seguida.

2. Le gastaremos una broma. Cuando llegue, corre de tal modo que *(parecer)* .... que hay un incendio.

3. En la fiesta tenían tal escándalo que *(tener, ellos)* .... que llamar a la policía.

4. No era una película tan buena como para que *(darle)* .... un Goya.

5. Anoche se vio tal cantidad de estrellas fugaces que *(parecer)* .... que había una fiesta en el cielo.

6. Cuando no estés tan cansado que *(temblarte)* .... las manos, subiremos el resto de los paquetes.

7. Se cayó de un modo tan tonto que *(parecer)* .... increíble que se haya roto una pierna.

8. Escribe la carta de modo que *(decir)* .... lo mismo de forma más elegante.

9. No comas tanto que *(tener)* .... dolor de estómago toda la noche.

10. Hicieron tantos pasteles que *(no poder)* .... venderlos todos.

15 **Une las oraciones utilizando las palabras que te damos entre paréntesis.**

1. Hace frío. Ponte el jersey. *(así que)*
▶ _____

2. El examen será dentro de dos días. El profesor está preparando las preguntas. *(de modo que probablemente)*
▶ _____

3. Está lloviendo. El partido se habrá suspendido. *(luego seguramente)*
▶ _____

4. Parece enfadado. Es mejor no hablar con él en este momento. *(por lo tanto)*
▶ _____

5. No le invitaron a la fiesta. Está un poco molesto. *(y por eso tal vez)*
▶ _____

6. Ayer te fuiste media hora antes del trabajo. Hoy estarás aquí hasta las dos y media. *(por consiguiente)*
▶ _____

7. Necesito el dinero que te presté. Devuélvemelo. *(así que)*
▶ _____

8. Es el mejor en su especialidad. Tiene un hueco para verte. *(conque ojalá)*
▶ _____

9. Por la noche no hay nadie con los ordenadores. Podemos usarlos. *(de forma que quizás)*
▶ _____

10. Dejé las llaves en ese cajón. Estarán ahí. *(luego posiblemente)*
▶ _____

16 **Completa con el modo verbal adecuado.**

1.	2.	3.	4.
Era tan alto que *(comerse)*............... un yogur y caducaba.	Era tan pequeño que se sentaba en un euro y *(sobrarle)*................. noventa céntimos.	Era tan bajo que *(sentarse)* .... en el bordillo de una acera y le colgaban los pies.	Era tan gordo que *(caerse)* .... de la cama por los dos lados.

17 **Forma frases causales y consecutivas a partir de las dos que te damos.**

1. Por las noches me duele el estómago. Tengo que cenar menos.
▶ _____

2. Tengo que andar dos kilómetros cada día. Es bueno para el corazón.
▶ _____

3. He aprobado todos los exámenes. He estudiado mucho.
▶ _____

4. Llegaremos temprano al aeropuerto. Nos llevarán en coche.
▶ _____

5. No hay suficientes participantes. Han suspendido el concurso.
▶ _____

6. La carretera ha estado cortada toda la mañana. Ha habido fuertes nevadas.
▶ _____

7. Pertenecemos a la misma comunidad. No necesitamos pasaporte para viajar a Alemania.
▶ _____

8. Se ha roto la batidora. He comprado un bote de mayonesa.
▶ _____

9. Nos gastaremos todos los ahorros en viajar. Ahora no vamos a comprar el coche.
▶ _____

10. Alguien se dio cuenta de que Enrique Iglesias estaba en la reunión. Había muchos fans a la salida.
▶ _____

18 **Completa las oraciones.**

1. Lo escribí según *(estar)* .... en el original.

2. La máquina se pone en marcha *(subir)* .... la palanca.

3. Hizo el número como si *(estar practicando)* .... toda la tarde.

4. Ha hablado diez minutos seguidos sin que nadie *(saber)* .... qué estaba diciendo.

5. Se presentó en mi casa como *(salir)* .... del gimnasio.

6. Estuve allí sentado sin *(poder)* .... aguantarme la risa.

7. Dio un discurso lo mismo que si *(ser)* .... el presidente del Senado.

8. Construiremos las casas según *(aparecer)* .... en los planos.

9. Estudiarán como *(recomendar)* .... en la academia.

10. Apiló las cajas *(ponerlas)* .... una encima de otra.

19 **Forma oraciones modales a partir del conector que te damos.**

1. *sin que*
2. *lo mismo que si* + imperfecto subjuntivo
3. *como* + presente subjuntivo
4. *según* + indicativo
5. gerundio
6. *sin*
7. *según* + subjuntivo
8. *igual que si* + subjuntivo
9. *como* + indicativo
10. *como si* + subjuntivo

20 **Completa las oraciones con *sin* o *sin que* y el verbo en la forma adecuada.**

1. Te has portado mal; te irás a la cama .... *(cenar)*.
2. Me he ido a una fiesta .... *(saber, mis padres)*.
3. Choqué con el árbol .... *(saber cómo)*.
4. Entramos al museo .... *(pagar la entrada)*.
5. Hice mi actuación de mago .... *(el público, notar el truco)*.

21 **¿Qué esquemas para la formación siguen las palabras que tienes a continuación?**

1. anteponer:
2. parapeto:
3. contrapuesto:
4. bienintencionado:
5. manufacturar:
6. blanquinegro:
7. tragaperras:
8. guardabosques:
9. sinrazón:
10. contraer:

22 **¿Llevan tilde las siguientes palabras compuestas?**

1. sin + número:
2. medio + día:
3. físico + química (sin guión):
4. hispano + árabe:
5. tras + pie:

23 **Lee las siguientes palabras compuestas y señala dónde va el acento principal en cada una de ellas.**

anteponer	menosprecio	sobrehumano
malestar	sinrazón	salpicar
ferrocarril	tragaperras	sinvergüenza
maniobrar	malcriado	antepasado
guardarropa	malsano	boquiabierto
pararrayos	contrapuesto	puntiagudo
bienintencionado	todopoderoso	limpiabotas

24 **Di si las siguientes afirmaciones son verdaderas o falsas.**

1. El texto argumentativo ha de ser claro.

2. El texto argumentativo es objetivo.

3. El texto argumentativo es subjetivo.

4. Da igual el orden en que se dispongan las ideas principales.

5. Se presentan casos particulares.

6. El texto argumentativo juega con factores psicológicos de los oyentes.

7. La conclusión no es necesaria.

8. Su función principal es dar a conocer ideas.

25 **Forma todas las palabras compuestas que puedas y después comprueba en el diccionario cuáles existen realmente.**

> manga   sacar   mes   montes   calle   alto   boca   saltar   corcho   blanco   siete   bajo

26 **Lee el siguiente diálogo y señala los recursos empleados por los hablantes para iniciar o concluir una conversación, cambiar de tema e interrumpir.**

> Dos chicos jóvenes se encuentran en la calle. Ruido de autobús. Uno de ellos baja.

⇨ Hombre, Paco, ¿qué haces por aquí, de dónde vienes?

⇨ Pues mira, que me he apuntado al gimnasio aquí en tu barrio.

⇨ Pero si a ti nunca te ha gustado el deporte.

⇨ Ya, pero es que… ¿te acuerdas de Marisa?

⇨ Sí, claro.

⇨ Pues es monitora de musculación.

⇨ O sea que a lo que vienes es a verla.

⇨ No exactamente…

⇨ Oye, y hablando de musculación, ¿qué tal tu espalda?

⇨ Mejor, ya casi no me duele, el deporte me va bien; por eso vengo todos los…

⇨ Venga, corta el rollo, si siempre te gustó Marisa.

⇨ Por cierto, que llego tarde, nos vemos otro día, ¿vale?

⇨ Vale, venga, y que se te dé bien la clase.

⇨ Eso espero.

⇨ Dale recuerdos de mi parte.

⇨ De acuerdo, bueno, te dejo.

⇨ Ya nos veremos por aquí.

Iniciar: _____

Concluir: _____

Cambiar de tema: _____

Interrumpir: _____

¿Tú sigues la moda?

10

1 **Tacha lo que no proceda.**

1. gorra, diadema, horquilla, pendientes

2. reloj, abanico, pulsera, brazalete

3. ojal, botones, zapatos, cremallera

4. calcetines, chaleco, jersey, chaqueta

2 **Relaciona la ropa y los complementos siguientes con los lugares más convenientes.**

ropa / complementos

⇨ camisón
⇨ toalla
⇨ gafas de sol
⇨ mallas
⇨ chirukas
⇨ chándal
⇨ deportivas
⇨ calentadores
⇨ crema
⇨ anorak

lugares

⇨ piscina
⇨ gimnasio
⇨ montaña
⇨ tu habitación

3 **Relaciona los siguientes marcadores.**

estilo directo

⇨ ir
⇨ hoy
⇨ aquí
⇨ la próxima semana
⇨ dos días después
⇨ ahora
⇨ mañana
⇨ traer
⇨ la semana pasada

estilo indirecto

⇨ ayer
⇨ llevar
⇨ al día siguiente
⇨ venir
⇨ a la semana siguiente
⇨ allí
⇨ la semana anterior
⇨ en ese momento
⇨ dos días más tarde

4 **Completa las siguientes frases con la palabra adecuada. Añade el artículo donde sea conveniente.**

corbata, gemelos, falda, chaqueta, pijama, ojal, manoplas, alfiler, sombrero, peineta

1. Me gusta .... que llevaba la madrina.

2. He perdido .... de ....

3. Me he comprado .... plisada baratísima.

4. Me ha regalado .... con ositos naranjas.

5. Le falta .... a ....

6. A María le hemos quitado sus guantes y a Carmen sus ....

7. Llevaba .... muy originales.

8. Yo solo me pongo .... en ocasiones especiales.

5 **Mira estos dibujos y anota la ropa y los complementos que le hacen falta a cada personaje.**

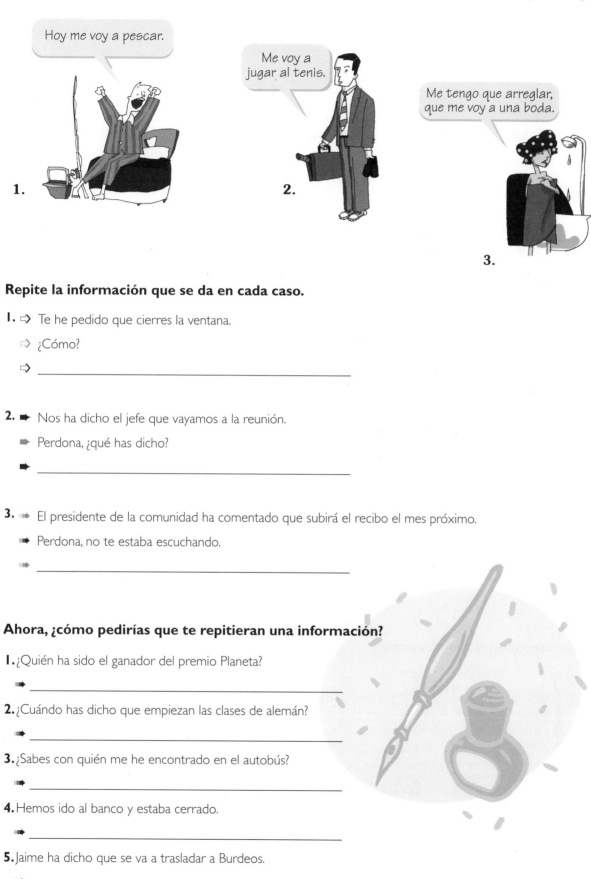

Hoy me voy a pescar.

1.

Me voy a jugar al tenis.

2.

Me tengo que arreglar, que me voy a una boda.

3.

6 **Repite la información que se da en cada caso.**

1. ⇨ Te he pedido que cierres la ventana.

⇨ ¿Cómo?

⇨ _____

2. ➡ Nos ha dicho el jefe que vayamos a la reunión.

➡ Perdona, ¿qué has dicho?

➡ _____

3. ⇒ El presidente de la comunidad ha comentado que subirá el recibo el mes próximo.

⇒ Perdona, no te estaba escuchando.

⇒ _____

7 **Ahora, ¿cómo pedirías que te repitieran una información?**

1. ¿Quién ha sido el ganador del premio Planeta?

➡ _____

2. ¿Cuándo has dicho que empiezan las clases de alemán?

➡ _____

3. ¿Sabes con quién me he encontrado en el autobús?

➡ _____

4. Hemos ido al banco y estaba cerrado.

➡ _____

5. Jaime ha dicho que se va a trasladar a Burdeos.

➡ _____

8 **¿Qué actos de habla se producen en las siguientes frases?**

1. He sido yo, pero no lo volveré a hacer.

▶ _____

2. Si llegas tarde, quedarás fuera del proyecto.

▶ _____

3. He llegado tarde porque había mucho tráfico y además he tenido que llevar al colegio al niño.

▶ _____

4. ¡Hasta mañana!

▶ _____

5. ¿Te vienes al cine con nosotros?

▶ _____

6. ¡Felices fiestas!

▶ _____

7. Necesito que mañana me dejes el coche.

▶ _____

8. Como es tan listo, ha hecho el trabajo de meses en dos días. ¡Claro que así está!

▶ _____

9. ¿Qué me dices? ¿Dónde está la araña?

▶ _____

10. Creemos que ellas tienen toda la razón.

▶ _____

9 **Corrige los errores cuando sea necesario.**

1. He ido al teatro con Inés ⇨ Dijo que iría al teatro con Inés.

2. Al salir de la ducha se seca con su servilleta.

3. ¡Enhorabuena por este trabajo tan magnífico! ⇨ Le agradeció su trabajo.

4. Quiero ponerme este traje para su boda.

5. ¿Por qué estás preocupada? ⇨ Le preguntó si estaba preocupada.

10 **Pasa a estilo directo estas dos situaciones.**

1

Una periodista, en la calle, llama la atención de un señor y le pregunta si tiene unos minutos para contestar unas preguntas. El señor le dice que tiene prisa y le pide por favor que sea breve. Ella, entonces, le pregunta si está a favor o en contra de que los niños vean mucho la televisión.

2

Un turista le pregunta a un joven dónde está la oficina de correos más próxima. El chico le dice que lo siente, pero que no es de ese sitio, que no lo conoce; pero le sugiere que vaya a preguntar a una tienda cercana.

11 **Pasa ahora a estilo indirecto estas otras situaciones.**

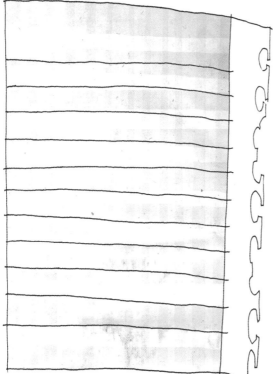
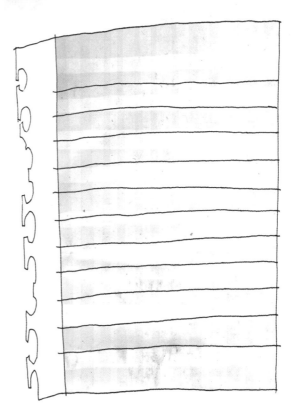

12 **Elige la opción correcta.**

1. "Me voy a cambiar de piso."
❏ Dijo que se había cambiado de piso.
❏ Dijo que se iba a cambiar de piso.

2. "Compraré un regalo para Marta."
❏ Dijo que compraría un regalo para Marta.
❏ Dijo que comprará un regalo para Marta.

3. "Coma despacio, por favor."
❏ Dijo que comía despacio.
❏ Dijo que comiera despacio.

4. "Quizá haya llamado por teléfono."
❏ Dijo que quizá hubiese llamado por teléfono.
❏ Dijo que quizá hubiera llamado por teléfono.

5. "Habrá hecho los deberes, pero será en sueños."
❏ Dijo que hiciera los deberes, pero sería en sueños.
❏ Dijo que habría hecho los deberes, pero sería en sueños.

13 Escribe los bocadillos de estas viñetas.

1.

2.

3.

4.

5.

14 Estas personas te han dado una serie de mensajes para Verónica, una amiga común. Mándaselos.

Paco: Dile que en junio espero verla en mi boda.

Sebas: Insístele en que nos traiga un recuerdo de su viaje.

Mamen: Dile que tiene que hacer fotos de todos los monumentos, incluidos los de dos piernas.

Pilar: Recuérdale que me traiga el diccionario que le pedí.

Toni: Dale las gracias por el gran esfuerzo que le supuso ayudarnos en el trabajo.

15 Relaciona las palabras de las dos columnas.

Uso peninsular

- aparcar
- comida
- jersey
- bonito
- ascensor
- cena
- enfadado
- coche
- conducir
- patatas

Uso americano

- lindo
- manejar
- almuerzo
- papas
- parquear
- carro
- elevador
- bravo
- comida
- suéter

16 Aquí tienes las respuestas que una gimnasta dio en una entrevista que le hicieron en la televisión. Imagina las preguntas.

⇨ _____

⇨ Empecé a los cinco años. Al principio era como un juego pero, pasados dos años, ya empezó a ser algo más serio.

⇨ _____

⇨ Sí, me ayudaron mucho y me animaron desde el principio. Mi padre me llevaba todas las tardes a entrenar.

⇨ _____

⇨ No, hace dos años dejé de estudiar, pero creo que no se trata de algo definitivo.

⇨ _____

⇨ Turismo; además tengo dos amigas que lo están estudiando ahora y están muy contentas.

⇨ _____

⇨ Sí, lo es. Tienes que dar mucho de ti en esta profesión y dejar muchas otras cosas atrás.

⇨ _____

⇨ Sí, merece la pena. Te cuesta mucho al principio, pero al final ves que es estupendo.

17 Busca en esta sopa de letras seis palabras relacionadas con el léxico de la lección.

E	L	E	D	E	M	I	T	A
B	O	M	P	A	G	A	R	T
R	L	I	O	G	I	R	B	A
O	F	U	G	A	Ñ	E	L	B
E	I	D	S	O	E	M	O	R
R	U	R	Z	A	P	A	T	O
I	T	I	A	S	I	M	A	C
C	H	A	L	E	V	I	T	A

18 Imagina lo que dicen estos personajes.

19 En un tebeo, ¿qué acciones representan estos dibujos?

1. _____ _____

2. _____ _____

3. _____ _____

4. _____ _____

5. _____ _____

6. _____ _____

20 **Haz esta encuesta a tu compañero. Mira la puntuación que ha obtenido y haz un informe para la clase.**

¿PIENSAS QUE HA SIDO UN CURSO DE ÉXITO?

1. ¿Cuándo consideras que has triunfado?

a ❑ Cuando saco buenas notas en los exámenes.

b ❑ Cuando aprendo todos los días cosas nuevas.

c ❑ En clase nunca pienso nada de eso.

2. Un guantazo es...

a ❑ un golpe;

b ❑ un guante muy grande;

c ❑ una palabra hispanoamericana.

3. Si haces un curso de español y no ligas...

a ❑ consideras que has perdido el tiempo;

b ❑ eso no es importante para mí;

c ❑ no tengo ese problema; siempre ligo.

4. ¿A quién te gustaría hacerle una pregunta?

a ❑ A alguien que destaque por ser buena persona.

b ❑ A alguien famoso.

c ❑ A mi profesor de español.

5. Un cuatro es...

a ❑ una buena nota;

b ❑ una mala nota;

c ❑ un instrumento musical.

6. ¿Por qué te gustaría triunfar en esta vida?

a ❑ Para demostrar a los demás que soy el mejor.

b ❑ Porque quiero ser útil para los demás.

c ❑ Para ganar mucho dinero.

7. Si juegas un partido de baloncesto y tu equipo pierde...

a ❑ no pasa nada;

b ❑ nunca volverás a jugar otra vez;

c ❑ te vas de compras para olvidarlo.

8. El español te hace sentirte más importante porque...

a ❑ conoces a más chicos y chicas guapos;

b ❑ puedes escribirte con Antonio Banderas;

c ❑ puedes comunicarte con otros países y conocer otras formas de vida.

	1	2	3	4	5	6	7	8
a	1	3	1	1	3	1	3	1
b	3	2	3	1	2	3	1	2
c	1	1	2	2	3	2	2	3

Entre 8-16 puntos:

¿Mereces aprobar el curso? Piénsalo detenidamente. El profesor no es el único culpable. Debes aprovechar más el tiempo.

Entre 17-20 puntos:

A veces no te tomas bien tus fracasos, pero tienes que pensar que las cosas cambian y lo que hoy es malo mañana puede ser bueno. No te preocupes, tonto. Solo tienes que pensar en no caer siempre en los mismos errores.

Entre 21-24 puntos:

Demuestras que sabes lo que quieres y te mereces un descanso. ¡Felices vacaciones! Y no cambies nunca.

22 Imagina que tienes que contarle el tebeo anterior a un amigo, ¿cómo lo resumirías?

SOLUCIONES

I.

tranquilo - impaciente
triste - alegre
contento - disgustado
agradecido - ingrato
salado - soso
sabroso - insípido
chillón - apagado
desesperado - esperanzado
atractivo - repulsivo

2.

picante: viejo verde, obsceno;
soso: que no tiene gracia ni viveza;
dulce: que es afable y bondadoso;
delicioso: que causa placer su compañía;
salado: que es agudo, vivo y tiene gracia;
amargo: que causa disgusto, pena o tristeza;
agrio: que es rudo o poco agradable.

3.

Posibles respuestas

1. La fiesta es en casa de Marta (lugar: situar un acontecimiento).
2. Estamos a veintiocho de septiembre (fecha).
3. Seremos diez (número total).
4. Estamos en clase de inglés (lugar).
5. Juana está de profesora de alemán (ocupación profesional).
6. Maribel es peruana (nacionalidad).
7. Estoy escribiendo una carta a mi prima Luisa (*estar* + gerundio).
8. La secretaría está en la segunda planta (situar cosas).
9. Las manzanas están a 1,50 € el kilo (precio variable).
10. La tortilla está fría (estado experimentado por los sentidos).

4.

1. Es
2. está
3. es
4. está
5. Estás
6. Es
7. está / estaba
8. es
9. está
10. estoy / estás / está

5.

1. Está muy simpático.
2. Es estúpido.
3. Es increíble.
4. Está insoportable.
5. Es genial.
6. Es horrible.
7. Está espantoso.
8. Es soportable.
9. Está estupenda.
10. Está tonta.

6.

Posibles respuestas

1. Es muy atento.
2. Está moreno.
3. Está malo.
4. Es una persona cerrada.
5. Está atenta.
6. Están verdes.
7. Está delicado.
8. Estaba violento.
9. Son ricos.
10. Estaba abierto a las sugerencias.

7.

1. estar
2. está
3. está
4. está
5. están
6. está
7. está
8. Estás
9. Es
10. Es

8.

1. soso
2. picante
3. atribulado
4. interesante
5. importante
6. leal

9.

1. está casado
2. es antiguo
3. está guardando
4. estamos hoy
5. Correcta.
6. Eran las tres
7. Correcta.
8. había cuarenta personas
9. Somos seis
10. es atento

10.

1. está abierta
2. fui atendido
3. está resuelto
4. es muy cansado
5. está impreso
6. está suelto
7. está rota
8. están fritos
9. es muy considerado
10. estuvo preso

II.

1. está menos azulado
2. Correcta.
3. en primavera
4. ¿Qué hora es? Es la una.
5. Correcta.
6. está resfriada
7. Correcta.
8. es la azul
9. está tumbado
10. Es necesario

12.

Posibles respuestas

1. Se habla / Hablan
2. Han traído
3. Se comía
4. Entregarán / Se entregará
5. Hacen / Se hacen

13.

1. personal (yo)
2. impersonal con 3.ª persona del plural (no sabemos quién o quiénes lo han dicho)
3. impersonal con 3.ª persona del plural
4. impersonal / construcción con *se*, agente concreto
5. personal / verbo pronominal (ellos)
6. impersonal (verbo impersonal, fenómenos atmosféricos)
7. impersonal: construcción con *se*, agente no concreto (se generaliza)
8. impersonal (verbo *haber*, se habla de la existencia de algo)
9. personal (él / ella)
10. impersonal: construcción con *se*, agente no concreto (se generaliza)

14.

ser pan comido: ser fácil;

estar de juerga: estar de broma, divertirse;

ser un pájaro de mal agüero: ser una persona que a menudo trae malas noticias;

estar en Babia: estar despistado, no prestar atención;

estar de más: sobrar;

estar como un fideo: estar muy delgado;

ser un arma de doble filo: ser una situación ventajosa o perjudicial, según se mire;

estar a dos velas: no tener dinero.

15.

Posibles respuestas

1. La gente dice que el euro es un gran avance.
2. Cuentan la historia de un pescador que se ahogó.
3. Piensan que no es bueno cenar mucho.
4. Todo el mundo cree que es peligroso viajar en avión.
5. Se sabe que ese director ganó el premio.
6. La gente habla sobre el accidente de tren.
7. Opinan que la paz se ha conseguido.
8. Todo el mundo va al cine de vez en cuando.
9. La gente corre si le persigue un león.
10. Te alegras si te toca la lotería.

16.

Posibles respuestas

1. Han descubierto unas ruinas romanas.
2. No se pueden duchar por culpa de la sequía.
3. Se ha escrito una tesis doctoral sobre el fin del mundo.
4. Reclaman un plus de peligrosidad.
5. Han decidido no pagar más por renovar su carné de socios.

17.

- Me he gastado mucho dinero: estoy a dos velas.
- Juan está muy delgado: está como un fideo.
- Felipe se aprovecha de sus compañeros: es un buitre.
- Siempre ocurre lo mismo: es el cuento de nunca acabar.
- Mi vecina Cristina es muy fea: es una cacatúa.
- Nunca cuenta para nada: es un cero a la izquierda.

18.

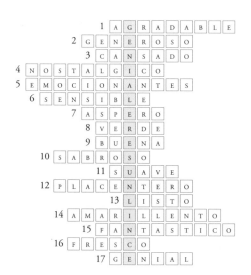

1 AGRADABLE
2 GENEROSO
3 CANSADO
4 NOSTALGICO
5 EMOCIONANTES
6 SENSIBLE
7 ASPERO
8 VERDE
9 BUENA
10 SABROSO
11 SUAVE
12 PLACENTERO
13 LISTO
14 AMARILLENTO
15 FANTASTICO
16 FRESCO
17 GENIAL

Mensaje secreto: *¡Genial! Eres un lince.*

19.

1. estás	6. es
2. ha sido	7. estoy
3. está	8. es
4. está	9. ha sido
5. es	10. está

20.

Posible respuesta

Ella es muy atractiva, es rubia, tiene los ojos azules. Su piel es suave y tersa, sin ninguna arruga. Tiene buen tipo, es alta y delgada.

21.

• Posible respuesta

La moza asturiana es baja, ancha de espaldas, gorda, nunca se maquilla y tiene chepa.

22.

1. Era imposible visitar el piso, estaba horrible, no se podía ni entrar.
2. Abundan ofertas de trabajo en las que piden movilidad de los candidatos.
3. El ejemplar de la Biblia más buscado se vendió en 72.000 euros, una octava parte de lo que pedían por el cuadro de Velázquez.
4. Te advierto de que invertir en bolsa puede ser un arma de doble filo.
5. Habla con la dependienta y cuéntale que la bata estaba manchada.
6. Había nubes y al final de la tarde se levantó viento.
7. Anduvo perdido todo el día hasta que advirtió las señales del equipo de rescate.
8. La vaca es herbívora y la víbora no.
9. El vicepresidente de mi empresa ha dimitido hace dos días.
10. A veces se sentía abrumado y aburrido.

23.

I.

1. El fontanero tuvo que cambiar el tubo porque estaba oxidado.
2. El espía no quiso revelar su secreto pero se rebeló contra su organización.
3. No apagues hasta que hierva y después cortas la hierba.
4. La baya es un fruto jugoso.
5. Vaya a ver la valla publicitaria que han puesto. Es increíble.
6. Tiene una medalla grabada con el nombre de un chico, ¿será su novio?
7. Desde esa montaña se divisa un vasto valle.
8. El cabo de Palos fue mi única respuesta errónea en el examen de ayer.
9. Recuerdo ese hotel porque desde nuestra ventana se veía un bello paisaje.
10. No nos convino irnos después de comer.

2.

Era una noche de primavera, silenciosa y fragante. El aire agitaba las ramas de los árboles con blando movimiento, y la luna iluminaba por un instante la sombra y el misterio de los follajes. Sentíase pasar por el jardín un largo estremecimiento y luego todo quedaba en esa amorosa paz de las noches serenas. En el azul profundo temblaban las estrellas, y la quietud del jardín parecía mayor que la quietud del cielo. A lo lejos, el mar misterioso y ondulante exhalaba su eterna queja. Las dormidas olas fosforescían al pasar zumbando los delfines, y una vela latina cruzaba el horizonte bajo la luna pálida.

24.

- apetitoso
- bohemio
- genial
- guapo
- lista

- llamativo
- mentiroso
- sensible
- blanco
- soso

M	S	H	L	A	O	S	O	S
R	E	O	I	M	E	H	O	B
E	N	N	S	I	M	P	L	L
O	S	O	T	I	T	E	P	A
I	I	B	A	I	A	S	P	N
C	B	O	N	I	R	A	L	C
U	L	V	N	O	K	O	Ñ	O
G	E	N	I	A	L	P	S	U
S	A	P	E	G	U	A	P	O
O	V	I	T	A	M	A	L	L

25.

h b	o	l	a
b	a	s	e
c	a	v b	o
v b	o	t	a
	a	v	e
h	a	b	a
v	a	h	o
v	i	v	a
h v b	a	y	a

• Respuesta libre.

26.

1. Luisito Cadalso era bajo, tímido, débil, torpe y le daban miedo las bromas de sus compañeros.

2. Ser un gallina significa ser un cobarde.
No, la gramática para nuestro protagonista era bastante difícil.

27.

1. c	6. c	11. a	16. a
2. b	7. b	12. a	17. c
3. a	8. c	13. a	
4. a	9. c	14. a	
5. b	10. a	15. a	

28.

1. b; 2. c; 3. c; 4. b; 5. b; 6. c; 7. c; 8. b; 9. a; 10. c.

29.

Respuesta libre.

LECCIÓN 2

1.

Una joven **soñó** una noche que **caminaba** por un extraño sendero que **ascendía** por una colina cuya cima **estaba** coronada por una hermosa casita blanca, rodeada de un jardín. Incapaz de ocultar su placer, **llamaba** a la puerta de la casa, que finalmente fue abierta por un hombre muy, muy anciano, con una larga barba blanca. En el momento en que ella **empezaba** a hablarle, **se despertó.** Todos los detalles de este sueño **permanecían** tan grabados en su memoria que por espacio de varios días no **podía** pensar en otra cosa. Después **volvió** a tener el sueño en tres noches sucesivas. Y siempre **se despertaba** en el instante en que **iba** a empezar su conversación con el anciano.

Pocas semanas más tarde la joven **se dirigía** en automóvil a una ciudad donde **se daba** una fiesta de fin de semana. De pronto **tironeó** la manga del conductor y le **pidió** que detuviera el automóvil. Allí, a la derecha del camino, **estaba** el sendero de su sueño.

—Espéreme un momento **—suplicó,** y **echó** a andar por el sendero, con el corazón latiéndole alocadamente. Ya no **se sentía** sorprendida cuando el caminito **subía** enroscándose hasta la cima de la colina y la **dejaba** ante la casa cuyos detalles **recordaba** ahora con tanta precisión. El mismo anciano del sueño **respondió** a su impaciente llamada.

—Dígame **—dijo** ella—, ¿se vende esta casa?

—Sí **—respondió** el hombre—, pero no le aconsejo que la compre. ¡Esta casa está frecuentada por un fantasma!

—Un fantasma **—repitió** la muchacha—. ¡Santo Dios! ¿Y quién es?

—Usted **—dijo** el anciano, y **cerró** suavemente la puerta.

2.

1. nos dimos; habían desaparecido
2. habíamos decidido; era
3. Eran
4. se repetía; se iba; empezaban; daba
5. Fue; habían concedido
6. has llamado
7. te ha parecido; había visto; acordaba; fui
8. habían recibido; entré
9. Habíamos quedado; se presentó
10. había advertido; ha ocurrido / ocurrió; anuncié / había anunciado

3.

Posible respuesta

Se llamaba Ana María Gómez y nació en 1869. Cuando tenía 20 años se casó con Ángel López, que era un ejemplar empleado de banca. Después de un año de maravillosa convivencia nació su primer hijo, al que pusieron de nombre Alberto. El niño no daba muchos problemas, pero era un poco llorón y no dejaba dormir a sus padres por las noches. Cuando tenía dos años sus padres decidieron darle una hermanita, y nació Pilar. La única enfermedad que tuvo que sufrir Pilar en sus primeros años de vida fue la varicela. En 1892, y después del nacimiento de su hija Pilar, Ana María empezó a trabajar en la farmacia del licenciado Javier Álvarez; se sentía muy ilusionada con su trabajo. Su hijo mayor, Alberto, acabó sus estudios en la escuela primaria con nota media de sobresaliente. Mientras tanto ella asistía a clases nocturnas para estar mejor preparada en su trabajo y, como el dinero no les llegaba a fin de mes, su marido tenía que hacer horas extras. Ana María era una estudiante ejemplar y en poco tiempo acabó sus estudios, por lo que la ascendieron en su trabajo. Al año siguiente, y muy animada por sus éxitos profesionales, se matriculó en la universidad. Se convirtió en la única mujer de su clase.

Cinco años después terminó sus estudios de farmacia y su jefe, cansado ya de trabajar, le propuso traspasarle el negocio. A los dos años murió su jefe, que era viudo y no tenía hijos. Ella se hizo cargo del negocio definitivamente y su marido también se puso a trabajar en el negocio familiar. Ambos trabajaban juntos en la farmacia y Ana María se dedicaba a investigar en su profesión, algo que siempre había estado haciendo. Como consecuencia de ello creó un perfume que se puso de moda. El negocio iba muy bien y al poco tiempo abrieron un segundo establecimiento. Toda su vida la dedicó a su profesión y fue muy feliz. Murió con noventa años dejando una de las cadenas de perfumerías más importantes del mundo.

4.

paseo, avión, maletero, acera, ingeniero

5.

1. había preparado; habías cenado
2. Había soñado; se desarrolló
3. Estaba; había entrenado
4. había visto
5. pensamos; pudimos
6. habían comprado
7. había nevado
8. has comprado; compré; costó
9. tenía; cansé; compré
10. gustaban

6.

tren	→	billete
avión	→	tarjeta de embarque, pasaje, billete
metro	→	metrobús, billete
autobús	→	bonobús, metrobús, billete
barco	→	pasaje, billete

7.

Respuesta libre.

8.

Eva **quería** comprar una nueva televisión, pero no una televisión cualquiera; **quería** una de esas con pantalla panorámica de la que tanto le **habían hablado** sus amigos. Estos la **habían animado** mucho y le **habían dicho** que por lo menos fuera a preguntar. **Pensaba** que entonces podría ver sus películas favoritas casi como en el cine.
Un buen día se **decidió** y **fue** a la tienda de electrodomésti-cos que **estaba** al final de la calle. **Miró** por el escaparate, **entró** y **preguntó** al dependiente que en ese momento no **estaba** haciendo nada.

—Buenas tardes.

—Buenas tardes, ¿qué desea?

—**Quería** preguntarle los precios de esos televisores con pantalla panorámica que tienen ahí.

El dependiente le **dijo** el precio exacto y Eva, del susto, **se echó** a reír sin parar. No **podía** creer lo que **oía.** La televisión le **iba** a costar el sueldo de un mes o dos y no se lo **podía** permitir.
Eva **volvió** a casa un poco triste y **pensó** que lo mejor sería conformarse con la tele que **tenía,** por ahora. **Se arregló** y **salió** decidida a disfrutar de una estupenda película en su cine favorito.

9.

1. Cuando **vivíamos** en Cuenca **tenía** una amiga del alma que **se llamaba** Elvira. Todos los días **íbamos** juntas al colegio y después **volvíamos** a casa para hacer la tarea.
2. Ayer, por fin, **terminé** la novela que me **dejaste.** Era tan interesante que la **leí** en una semana.
3. El nuevo vecino de mi edificio **llegó** la semana pasada, pero todavía no lo **conozco / he conocido.** Ángela, mi otra vecina, me **dijo / ha dicho** que parece muy simpático.
4. Mis abuelos **se casaron** muy jóvenes. Ella **era** alta, morena, muy delgada, y en la foto de boda **tenía** una expresión de felicidad que **iluminaba** toda la imagen.
5. En la antigua empresa nosotros **pertenecíamos** a la sección 3, pero cuando llegó el nuevo dueño nos **trasladaron** a la sección 2 y nos **dijeron** que habría algunos cambios.

10.

1. Cuando **salía** del trabajo y **quería** ir a comprar, ya **habían cerrado** las tiendas.
2. Cada vez que **quería** comprar buenas entradas para el teatro, otras personas las **habían sacado** antes.
3. Sus primos **estaban** de vacaciones en Canadá; los míos **habían estado** en Italia.
4. Mi médico **tenía** consulta hasta las dos; los demás la **habían tenido** hasta las doce.
5. Siempre que nos **decidíamos** a hacer una excursión, ellos ya **habían pensado** hacer otra cosa.
6. Cuando **veía** la oferta de algún piso en el periódico, ya lo **habían vendido.**
7. Cada vez que **veía** una película, ya la **habían sacado** en vídeo.
8. Yo **iba** a la playa por la tarde; ellos **habían ido** por la mañana.
9. Cuando **empezabas** tus exámenes finales yo **había terminado** los míos.
10. Siempre que **iba** al parque los sábados por la tarde **habían salido** flores nuevas.

11.

Posibles respuestas

1. Se preocupaba por las matemáticas cuando estaba en el colegio.
   Se preocupó por las matemáticas durante toda su vida.
2. Escribía poesía porque era lo que más le gustaba.
   Escribió poesía en la etapa más oscura de su vida.
3. Llamaba a Pedro cuando se encontraba sola y aburrida.
   Llamó a Pedro y no estaba en casa.

4. Pensó en casarse cuando vio que todos sus amigos se casaban.

Pensaba en casarse cuando tuvo que marcharse dos años a vivir al extranjero.

12.

1. **Iba** a clase de inglés de lunes a viernes, tres horas a la semana.
2. **Veía** películas de terror de vez en cuando.
3. Le **gustaba** pasear por el parque cuando **caía** la tarde.
4. **Desayunaba** en la cafetería de la universidad.
5. **Practicaba** natación cuando **tenía** tiempo libre.

• Posibles respuestas

1. **Fue** a clase de inglés de lunes a viernes durante cuatro meses.
2. **Vio** una película de terror en el cine del barrio.
3. Le **gustó** pasear por el parque que había donde fue a visitar a su amiga Irene.
4. **Desayunó** en la cafetería de la universidad y no le gustó mucho.
5. **Practicó** natación en los días de vacaciones.

13.

Posibles respuestas

1. Durante todo el curso he empezado las clases a las nueve de la mañana.
2. Desde hace dos años voy de vacaciones a lugares tranquilos.
3. Anoche llegué a casa a las doce en punto.
4. Mi hermano tardó cinco meses en hacer un proyecto de investigación para terminar sus estudios.
5. Desde hace tres semanas tengo unos dolores de cabeza terribles por el exceso de trabajo.
6. Llevo viviendo en Alcalá desde que tenía dos años.
7. El cursillo de cocina duró ocho semanas completas.
8. Hace dos días que no para de llover.
9. Durante algunos días recibí la visita de mis padres en mi nuevo lugar de residencia.
10. Tardamos más tiempo de lo previsto en dejar bien acondicionada la casa.

14.

1. Cuando **era** joven y **estaba** deprimida **salía** y me **compraba** algo para sentirme mejor.
2. A las tres de la tarde Sergio ya **había terminado** las clases.
3. El viaje en avión a Mallorca **duró** menos de una hora.
4. El equipo médico **tardó** tres horas en realizar la difícil operación.
5. **Estuvo** practicando para el concierto seis meses enteros.

15.

• Posibles respuestas

Érase una vez un hombre tan alto, tan alto, que tenía una nube en un ojo.

Había una vez un hombre tan pequeño, tan pequeño, que se sentaba en un euro y le sobraban noventa céntimos.

16.

1. limpiaparabrisas
2. raíles
3. alas
4. cabina
5. pedales
6. timbre

17.

Posibles respuestas

Sacacorchos: instrumento para sacar los corchos.
Molinillo: molino pequeño para moler cantidades pequeñas.
Colador: utensilio para colar provisto de una chapa metálica con agujeros.
Manga pastelera: cono de tela con un orificio para decorar en repostería.
Salvamanteles: objeto que se coloca bajo las piezas del servicio de mesa para evitar que se manchen o quemen los manteles.

18.

1. nú́mero; recibió́; magní́fico
2. irán; excursión
3. árboles; melancolía
4. compañía aérea
5. ópera; consiguió; éxito

19.

—¿Cómo está Pedro?
—Creo que vendrá mañana a trabajar, pero no sé si estará recuperado de su enfermedad.

—¿Te apetece ir al cine?
—Sí, estupendo, ¿podemos llamar también a Luis?
—A él y a alguien más.
—Muy bien, así lo pasaremos mejor.

—¡Oye, tú!
—¿Es a mí?
—No, a ti no, a ese (no exige acento, solo si es ambiguo).
—Ah, creía.

—No me gusta que la abuela les dé a los niños tantos caramelos antes de comer.
—Déjala, solo los puede ver una vez al mes y quiere ser amable con ellos.
—¿Vas a ir solo de vacaciones?
—Aún no lo sé, pero lo estoy pensando.

20.

1. frigorífico
2. corrías
3. aspiradora
4. razonó
5. novela
6. lavadora
7. rallador
8. dormirse
9. separaba
10. batidora

21.

Posibles respuestas

1. taxi
2. cazuela
3. copas
4. sartén
5. coche; ruedas
6. bonobús / bonotrén / abono transportes
7. microondas
8. horno
9. platos
10. avión

22.

1. me puse / me eché
2. se puso
3. se ha puesto
4. (se) echó / se puso
5. se ponía

23.

Posibles respuestas

Acababa de comer a las tres de la tarde y luego se ponía a estudiar.

Se pasaba todo el día comiendo y por fin lo dejaba a las tres de la tarde.

Con un gran esfuerzo llegó a adelgazar cinco kilos en dos meses.

Al comienzo del régimen adelgazaba cinco kilos en dos meses, pero luego dejó de hacerlo.

Cuando entramos en la sala dejó de comer y nos invitó a que le acompañáramos.

Justo en el momento en que entramos en la sala acabó de comer.

24.

Posibles respuestas

1. Llegó a ser un artista famoso.
2. Dejó de ir al colegio.
3. Estuvo buscando un empleo a tiempo parcial.
4. Se puso a estudiar economía.
5. Continuó haciendo lo que más le gustaba.
6. Empezó a trabajar en la empresa familiar.
7. Fue aprendiendo las cosas importantes de la vida.
8. Echó a andar a los doce meses.
9. Acabó de estudiar arte.
10. Continuó estudiando en el instituto e hizo el servicio militar.

• Respuesta libre.

25.

1. viendo
2. a reír
3. de comer
4. entrando
5. a tocar
6. a hacer
7. de tomar
8. pensando / creyendo / diciendo
9. a ser
10. estando

26.

Posibles respuestas

1. **Estuve** en Inglaterra durante dos meses.
2. Se **puso** a llover y no paró en toda la noche.
3. La semana pasada **vi** a Iñaki con un coche nuevo.
4. La conferencia en el auditorio **duró** más de lo previsto y la gente empezó **a** molestarse.
5. Hace quince minutos que **espero** a que pase el tren.
6. Estoy viviendo en este piso desde **hace** tres meses.
7. Esta mañana **he comprado** sellos en el estanco de la esquina.
8. La última vez que la vi **llevaba** el pelo largo y rizado.
9. Hace un mes que **terminó** de escribir su primera novela.
10. Anoche **tuve** una pesadilla horrible y me **desperté** sobresaltada.

27.

1. ELEMENTOS NARRATIVOS

1) El narrador

Ayer disfrutaba de mi cuarto día de vacaciones. Me había levantado temprano y había dado un paseo por la playa. (…) A las 9 fui al chiringuito de Juan a tomarme un café con leche y un zumo de naranja fresquito mientras hojeaba mi diario preferido. Pronto comenzaron a llegar los primeros bañistas. Me llamó la atención un señor de unos cuarenta años, (…).

Seguí mi paseo, pero pronto me sentí agobiado por los turistas, especialmente por los niños y sus chillidos. Decidí alquilar una barca y dar una vueltecita por la bahía. (…) Remé y remé, tratando de relajarme.

De repente, oí unos gritos que pedían socorro. A unos cincuenta metros de mí, estaba el señor despistado, que había perdido las gafas y luchaba por liberarse de un pulpo que le había aprisionado la pierna derecha. No supe qué hacer, pero remé hacía allí lo más rápidamente que pude. El señor gritaba y gritaba. Traté de tranquilizarlo, pero su miedo lo atenazaba y corría el riesgo de ahogarse.

Al llegar a él, lo agarré con fuerza de un brazo y comencé a golpear al pulpo con uno de los remos. El pulpo soltó su presa y el señor despistado se desplomó en el fondo de la barca. Cuando se recuperó del susto, me dio las gracias por mi acción. No tiene ningún mérito, lo que más me preocupa es que olvidé presentarme.

En esta visión de la historia predomina, naturalmente, el elemento narrativo. Lo descriptivo se reduce al estado de la playa y el mar, a los comentarios sobre el señor y al ruido de los niños.

2) La víctima

Me tiemblan las piernas todavía. Todo ocurrió de repente. Había salido como todas las mañanas de verano a tomar mi baño. Vivo aquí desde hace tres años. Conseguí esto que ahora se llama teletrabajo, y una multinacional me paga por meter datos en su sistema central. ¡Si supieran que me dedico a la natación por las mañanas…!

(…)

El caso es que no vi acercarse al animal. Nadaba tranquilamente, pensando en bytes y kilobytes, cuando sentí que algo me apretaba la pierna derecha. (…) Solo recuerdo que me agarró del brazo y que comenzó a apalear al animal como un energúmeno. Cuando ya estaba en la barca le agradecí efusivamente que me hubiera salvado. ¿Dónde habré dejado las gafas? Buscaré en Internet, a ver si hay pulpos que las usan.

Aunque aquí predomina también la narración, hay un párrafo completo en el que la víctima se describe a sí misma. Al mismo tiempo la expresión "el caso es que…" es muy habitual en el lenguaje coloquial como conector. Aquí sirve para volver a la historia y continuar con la narración.

3) El pulpo

(…)

De repente una cosa (…), me golpeó mi sexto brazo. ¡Vaya manera de saludar! La cosa no paraba, y yo no había terminado de saludar al señor simpático, por lo que seguí con mi abrazo. Pero la cosa no dejaba de darme golpes, con lo que desistí de cumplir las indicaciones del alcalde y solté al señor majete.

Me hubiera gustado saludar al señor de la cosa, que, por cierto, tenía mejor gusto con el bañador, pero creo que con estas gafas asusto a cualquiera.

En la versión del pulpo la distinción entre narración y descripción es tan clara que hay incluso una marca formal que delimita las dos partes. Los dos primeros párrafos son descriptivos (el pulpo describe al señor y su pierna, así como sus intenciones), mientras que desde "De repente" (tercer párrafo) comienza la narración de los hechos.

ELEMENTOS DESCRIPTIVOS

Naturalmente, las partes eliminadas en los elementos narrativos son, en general, descriptivas.

2. Respuesta libre.

3. Respuesta libre.

1.

1. Renfe **informó** de que el tren que **salió** para Sevilla **llegaría** a las siete horas.
2. La profesora **dijo** que nos **devolvería** los exámenes corregidos el día 13.
3. **Dijo** que le **compraría** un regalo para darle una sorpresa.
4. **Creí / Creía** que **sería** divertido ir con él de viaje.
5. El médico le **dijo** que con el tiempo y con mucha paciencia **dejaría** de comer tanto.
6. Tu madre **dijo** que tarde o temprano **tendrías** que comprarte otro traje para ir a trabajar.
7. **Estaba** segura de que antes de las diez Manolo ya **estaría** esperándonos en la entrada del teatro.
8. El alcalde **pensó / pensaba** que el problema del tráfico no **tendría** solución a corto plazo.
9. Según **ponía** en el programa, en el recital de piano de **aquella** tarde el solista **tocaría** sus mejores composiciones.
10. **Dijo** que se **sacaría** el carné de conducir cuando **ahorrara** algo de dinero.

2.

Respuesta libre.

3.

1. Duda, probabilidad en el presente.
2. Duda, probabilidad en el pasado.
3. Acción futura.
4. Acción futura anterior a otra también futura.
5. Orden, mandato.
6. Concesión, oposición en el pasado cercano.
7. Orden, mandato.
8. Concesión, oposición en el presente.
9. Acción futura.
10. Acción futura anterior a otra también futura.

4.

1. se referirá
2. Cumplirá
3. tratará
4. Estarán
5. Se publicaría
6. pasará; Estarán
7. Serían
8. Tendrían; estaría
9. Habrá llegado; estará
10. será; se tratará
11. tendrá
12. Costará
13. estará
14. Tendrían; sería
15. daría

5.

óptica	→	oculista
mar	→	marinero, pescador
campo	→	campesino, labrador
fábrica	→	operario
clínica	→	enfermera, otorrino, ATS, oculista
hospital	→	enfermera, otorrino, ATS, oculista

6.

Posibles respuestas

Será muy listo, pero es incapaz de resolver este crucigrama.
Parecería muy joven, pero no le hicieron el descuento de menores.
Trabajará como abogado, pero tiene un montón de problemas legales.
La considerarían una buena jugadora, pero tiene muy mal perder.
Será un buen cocinero, pero es bastante soso.
Tocaría muy bien el piano, pero no parece que tuviera buen oído.
Ganaría el campeonato de mus, pero ahora no engaña a nadie.
Apagaría fuegos, pero ahora solo apaga la luz en su casa.
Tendrá mucha suerte, pero yo nunca lo he visto ganar nada.
Dará todo lo que tenga a los demás, pero a nosotros no nos da ni las gracias.

7.

1. Probabilidad en el presente.
   Probabilidad en el pasado.
2. Concesión en el pasado.
   Concesión en el presente.
3. Acción futura anterior a otra también futura.
   Acción futura anterior a otra también futura en el pasado.
4. Probabilidad y condición referida al presente.
   Probabilidad y condición referida al pasado.
5. Duda en el presente.
   Duda en el pasado.

8.

Respuesta libre.

9.

Respuesta libre.

10.

Posibles respuestas

1. El vuelo a Mallorca **saldrá** a las diez.
2. Mis tíos **van a viajar** a Venezuela el próximo año.
3. La reunión **será** el martes de la semana que viene.
4. Elena **va a comprarse** un vestido de fiesta.
5. **Vamos a empezar** un curso de relajación.
6. El lunes 3 de abril **empezarán** las clases del nuevo curso.
7. El próximo fin de semana **habrá** nubes, **lloverá** y **hará** frío.
8. Mis padres y yo **vamos a visitar** a mis abuelos, que viven en la costa.
9. Andrés **va a dejar de fumar** y **va a llevar** una vida más sana.
10. El candidato a la presidencia **hablará** de su programa político en la radio el jueves a las dos de la tarde.

11.

Posibles respuestas

1. Desde mañana voy a hacer un esfuerzo por levantarme más temprano y no llegar tarde a clase.
2. Intentaré ponerme más de un despertador para llegar a tiempo al trabajo y que el jefe no se enfade demasiado conmigo.
3. En adelante voy a ser más responsable y voy a separar toda la basura que pueda.
4. Respetaré un poco más al vecino y pondré la música un poco más baja.
5. Desde mañana voy a cuidarme un poco más y prepararé comida más sana.

12.

1. terminaría
2. habrá ido
3. iré
4. sería / será
5. estarán
6. se dedicaría
7. llegaría
8. cerrarán
9. Creerá
10. se habrá marchado

13.

1. dual
2. alfarero
3. roqueras
4. rastrillo
5. llovería
6. anestesista
7. taza
8. zapato
9. torero
10. rogaríamos

14.

Posibles respuestas

P: Oye, ¿sabes qué le pasa a Antonio?

M: No sé, quizá está cansado… / A lo mejor está cansado…

P: ¿Adónde irá? / ¿Dónde irá?

M: Tal vez tiene / tenga que ir al médico.

15.

Respuesta libre.

16.

Respuesta libre.

17.

Posibles respuestas

1. ¡Quién fuera él!
2. ¡Ojalá también fuera suficiente para mí, para poder aprovechar más el día!
3. ¡Ojalá recibiera algún dinero extra!
4. ¡Que te sea leve!
5. ¡Ojalá no haya sido nada! / ¡Ojalá esté bien!
6. ¡Ojalá llegara a tiempo! / ¡Que llegara a tiempo!
7. ¡Que tengas suerte!
8. Así se porten otros mal con él.
9. ¡Quién hubiera estado allí con ellos!
10. ¡Que te diviertas!

18.

1. Ojalá hubiera ido con ella.
2. Ojalá lo hubiera pensado antes de hacerlo.
3. Ojalá hubiera estudiado más.
4. Ojalá me toque / tocara la lotería.
5. Ojalá / Quién pudiera estar en la playa en estos momentos.
6. Ojalá nevara el domingo.
7. Quién / Ojalá pudiera ir al concierto de Año Nuevo.
8. Ojalá se acaben / se acabasen las guerras que hay en este momento.
9. Ojalá / Quién pudiera salir a comer fuera.
10. Ojalá hubiera ido antes al dentista.

19.

A: ¿Os apetece tomar algo? Yo voy a prepararme un refresco.

B: A mí **prepá**rame otro.

C: Bueno, pues que sean tres.

A: Oye, ¿qu**é** tienes pensado para este fin de semana? A nosotros nos gustar**í**a ir a esquiar. ¡Por qu**é** no te animas y te vienes con nosotros? Llamamos a las chicas y nos vamos todos. Ya sabes que en el refugio hay sitio para todos: nosotros dormimos en una cabaña y las chicas en la otra.

B: ¿A esquiar? ¿No ser**í**a mejor que nos qued**á**ramos tranquilos en casa?

A: De verdad que no te entiendo, no puedo comprender que prefieras quedarte en casa.

B: En el refugio, sin comodidades, lejos de la civilizaci**ó**n, con el fr**í**o, con lo bien que se est**á** en casa viendo pel**í**culas.

C: Bueno, ya lo pensaremos, pero tenemos que ponernos de acuerdo.

A: Vale, vale.

20.

Posibles respuestas

1. Como me lo aconsejaste, ayer fui a la exposición.
   Como me lo aconsejaste ayer, fui a la exposición.
2. Sí, estuve con ella todo el día.
   Si estuve con ella todo el día…
3. En la reunión no se habló del tema, como yo suponía.
   En la reunión no se habló del tema como yo suponía.
4. No ha venido porque quería verla.
   No, ha venido porque quería verla.
5. Si quiero comer en el restaurante…
   Sí, quiero comer en el restaurante.

21.

1. Cuando llegue al colegio ya **habrán empezado** las clases.
2. Hoy no ha venido la profesora de español. **Estará** en su casa.
3. **¿Podría / Puede** decirme si voy bien para la estación?
4. A lo mejor **voy** contigo a hacer la compra.
5. Es probable que **vea** el partido por la televisión.
6. Seguro que el examen de mañana **es / será** muy difícil.
7. Ojalá no **llueva** esta tarde.
8. ¡Que **aproveche**!
9. ¡Quién **pudiera** ser invisible por unos minutos!
10. Ojalá **tuviera** una máquina que me **hiciera** aprender español sin ningún esfuerzo.

22.

Respuesta libre.

23.

1. enfermeros
2. ópticos
3. campesinos / labradores
4. bomberos
5. policías municipales
6. arquitecto
7. profesor / maestro
8. jardineros
9. zapatero
10. joyeros

24.

muebles de madera, joyas, artículos de piel y de cuero, objetos de metal

25.

C	C	R	M	U	S	I	C	O
G	A	L	E	D	Y	K	J	T
U	R	M	C	Q	X	J	D	O
D	T	S	A	U	Z	A	R	L
N	E	O	N	R	F	O	F	I
J	R	Ñ	I	D	E	H	A	P
I	O	H	C	P	O	R	I	O
F	E	B	O	H	B	E	O	L

26.

profesión	arquitecto	albañil	constructor	jefe de obra
nombre	Juan	Ignacio	Ismael	Félix
apellidos	Sánchez Peña	Fonseca Díaz	López Enríquez	Huertas Parra
lugar donde está ahora	Madrid	Guadalajara	Barcelona	Alcalá de Henares

27.

cargo	jefe de estudios	directora	tutor 1.º ESO	tutor 2.º ESO	tutor 3.º ESO
nombre	Jaime	Luisa	Elena	Miguel	Irene
asignatura	CC. NN.	inglés	lengua	cultura clásica	francés
aula actual	3.º ESO	reunida	guardia	2.º ESO	4.º ESO

LECCIÓN 4

1.

Posibles respuestas

Frío: gélido, desapacible, revuelto, otoñal, fresco, húmedo, tormentoso, lluvioso.

Calor: bochornoso, pegajoso, caluroso, estival, cálido, soleado, seco, primaveral, apacible, agradable, templado.

2.

1. tormenta
2. bochornoso
3. veraniego
4. nublado
5. nube

3.

1. El
2. El
3. Las
4. unos; la
5. Los; una
6. una
7. El
8. El; el
9. Un
10. Las

4.

A: ¿Dígame?
B: Oye, soy yo.
A: ¡Hombre!, ¿cómo estás?, ¿no tenías **el** teléfono estropeado?
B: ¡Qué va!, me lo dejé ayer mal colgado. Bueno, si te cuento lo que me ha pasado no te lo crees.
A: Cuenta, cuenta.
B: Verás, ayer **un** hombre con **ø** gafas oscuras y **ø** gabardina se acercó a mi puerta. Yo lo vi desde **la** ventana de mi cuarto y bajé para abrir cuando llamara, pero no lo hizo. Me extrañó y subí de nuevo para ver lo que hacía. Me asomé otra vez a **la** ventana y vi cómo se metía **una / la** mano en **el** bolsillo y sacaba **una** carta, comprobó **la** dirección en **la** puerta y llamó. Bajé corriendo, pero cuando llegué a abrir él ya no estaba, solo estaba **la** carta sobre **el** felpudo.
A: ¿Y qué ponía?
B: Me invita esta tarde a **una** fiesta.
A: ¿A **las** ocho en **el** bar del centro?
B: Sí, ¿cómo lo sabes?
A: Y **el** hombre ¿era rubio y **la** gabardina gris?
B: Exacto.
A: **La** invitación es mía, **el** hombre es mi hermano Ramón, es mudo y muy tímido, por eso no se quedó, ¿vendrás esta tarde?
B: Desde luego. ¿Estará tu hermano?, tienes que presentármelo.
A: Allí nos vemos, ¡adiós!
B: ¡Hasta luego!

5.

La primera vez que entró en **la** academia fue **una** mañana de abril. Tendría apenas **ø** quince años. Su madre le había dado **unas** hojas casi **ø** blancas y le había animado a estudiar **ø** alemán. Entró por **la** puerta que daba **al** patio. Esa mañana llevaba sobre **la** cabeza **una** gorra de marinero tan negra como su pelo y tan llamativa como **el** azul de sus ojos.

6.

1.ª columna: ø presenta al sustantivo como perteneciente a una clase; son sustantivos medibles y van pospuestos al verbo. En el caso de la **2.ª columna,** los sustantivos, aunque tienen la misma posición, la presencia del artículo los reconoce como sustantivos específicos.

7.

Posibles respuestas

Compré un libro de inglés.
Vi la película *El día de la bestia*.
Trajo para la subasta libros y unos cuadros.
No pronuncia bien la letra *a*.

8.

1. ¡Lo bonita que es la catedral!
2. ¡Lo interesante que es el libro!
3. ¡Lo bien que cantaba María!
4. ¡Lo moderno que es el diseño!
5. ¡Lo rápido que corre Juan!
6. ¡Lo tarde que vuelven a casa los estudiantes!
7. ¡Lo mucho que gasta!
8. ¡Lo temprano que se levanta siempre!
9. ¡Lo mucho que me quería!
10. ¡Lo mal que lee!

9.

1. El libro me gusta mucho.
2. Trabajar aquí es muy duro.
3. La película resultó muy sorprendente.
4. Montar en bici es muy fácil.
5. Internet es muy entretenido.
6. Este niño come muy bien.
7. El café está muy amargo.
8. El dinero dura muy poco.
9. Este vestido te sienta muy bien.
10. El abrigo te hace muy delgada.

10.

Posibles respuestas

1. Me interesa el libro por lo divertido que resulta.
2. Les ladrarán los perros por lo sospechosos que parecen.
3. Os gustaba comer tarta de chocolate por lo bien hecha que estaba.
4. A María le encantaban las flores por lo bien que olían.
5. Nos invitan a la fiesta de cumpleaños por lo duro que hemos trabajado durante este trimestre.
6. A Pedro lo dejarán en casa para Semana Santa por lo vago que ha sido.
7. Vendió el coche por lo viejo que era.
8. Le compraré el abrigo a mi hija por lo bonito que es.
9. Le escribí una postal a Silvia por lo contenta que se pone en su cumpleaños.
10. Te coseré los pantalones por lo inútil que eres.

11.

. (…) levántase rápidamente a este punto **el** trinchador con ánimo de cazar **el** ave prófuga, y, al precipitarse sobre ella, **una** botella que tiene a **la** derecha, con **la** que tropieza **su** brazo, abandonando **su** posición perpendicular, derrama un abundante caño de Valdepeñas sobre **el** capón y **el** mantel; corre **el** vino, auméntase **la** algazara, llueve **la** sal sobre **el** vino para salvar **el** mantel; para salvar **la** mesa se ingiere por debajo de él **una** servilleta, y **una** eminencia se levanta sobre **el** teatro de tantas ruinas. **Una** criada toda azorada retira **el** capón en **el** plato de **su** salsa; al pasar sobre mí hace **una** pequeña inclinación, y **una** lluvia maléfica de grasa desciende, como **el** rocío sobre **los** prados, a dejar eternas huellas en **mi** pantalón color de perla; **la** angustia y **el** aturdimiento de **la** criada no conocen término; retírase atolondrada sin acertar con **las** excusas; al volverse tropieza con **el** criado, que traía **una** docena de platos limpios y **una** salvilla con **las** copas para **los** vinos generosos, y toda aquella máquina viene al suelo con **el** más horroroso estruendo y confusión.

12.

1, 2, 3, 4. ambas: el / la → específico / mi / nuestra / tu → posesión (ante un sustantivo).

5. el (parte del cuerpo).
6, 7. ambas: las / los → específico / tus / sus → posesión (ante sustantivo).
8. las (parte del cuerpo).
9. ambas: mi → posesión / con el tenemos que decir de quién.
10. tu → posesión.

13.

1. un clave	6. El capital
2. La orden	7. La coma
3. un cometa	8. la guía
4. el cólera	9. los lentes
5. el pendiente	10. Las papas

14.

1. Los niños: plural, contable, conocido o específico.
   el premio: singular, contable, conocido.
2. Unos perros: plural, contable, desconocido o inespecífico.
3. El calor: singular, medible, conocido o específico.
4. Los vinos: plural, contable, generalizador, admite el singular.
5. El agua: singular, medible, generalizador.
6. Una niña: singular, contable, desconocida.
   las escaleras: plural, contable, conocido o mencionado.
7. Truchas: plural, contable, tras el verbo puede aparecer sin artículo.
8. Las lluvias: plural, medible, conocido.
9. Un desconocido: singular, contable, desconocido o no específico.
   flores: plural, contable, perteneciente a una clase.
10. La leche: singular, medible, conocido o específico.

15.

Posibles respuestas

1. parece	9. he quedado
2. se encuentra	10. fijaron
3. Me acordé	11. se parecen
4. creo	12. me quedé
5. se llama	13. llamaron
6. negó	14. quedamos
7. se ocupará	15. Se cree
8. parece	

16.

1. Ella a usted no **le** ha permitido entrar.
2. A él **le** hablamos cuando…
3. Todos entraban en la fiesta de despedida excepto **yo.**
4. A tu hermana **le** pedimos que…
5. No quiero interrumpir**le…**
6. Correcta.
7. Se ha ido **contigo** porque…
8. Correcta.
9. No lo trae consigo, así que déja**lo** en paz.
10. A Julia **le** dije que…

17.

1. A la abuela le hemos traído la lavadora / La lavadora se la hemos traído a la abuela.
2. A mi hermana le robaron el bolso / El bolso se lo robaron a mi hermana.
3. A nuestros amigos les contamos el viaje / El viaje se lo contamos a nuestros amigos.

4. A mi suegra le quité un par de vasos / Un par de vasos se los quité a mi suegra.
5. A mí mis padres me regalaron flores para mi cumpleaños / Las flores me las regalaron mis padres para mi cumpleaños.
6. A mis padres les dediqué un libro / El libro se lo dediqué a mis padres.
7. A mi marido le compré una corbata / La corbata se la compré a mi marido.
8. A mi vecina le regué las plantas / Las plantas se las regué a mi vecina.
9. A las niñas les arreglamos la casa de muñecas / La casa de muñecas se la arreglamos a las niñas.
10. A las monjas les dimos ropa usada / La ropa usada se la dimos a las monjas.

18.
1. **Las** cogió y **los** tiró por la ventana.
2. **Las** pelaste y **la** freíste en la sartén.
3. **Los** tendí y **las** saqué de la lavadora.
4. Mientras **la** veía **la** planchaba.
5. Cuando **la** escribió **los** tenía encima de la mesa.
6. **Lo** tiraron sin querer.
7. **La** apagaron para oír**la.**
8. **La** compramos y **lo** leímos.
9. **La** hizo para que **la** probaran.
10. **Lo** terminaron y **los** recogieron.

19.
Posible respuesta

Los profesores del curso de Física eran muy viejos. Había algunos que llevaban cerca de cincuenta años explicando las mismas técnicas.

Mi viejo profesor dejaba los experimentos más aparatosos para el final de la clase para que le preguntáramos todas nuestras dudas y así podía seguir junto a nosotros más tiempo. Le gustaba estar con los estudiantes. Amaba su profesión. Daba buenos consejos. Decía que la vida para él había sido su mejor maestra. Había clases en las que nadie seguía la explicación, pero cuando hablaba de su experiencia no se oía ni una mosca.

20.
1. ¿Qué quieres **tú?**
2. ¿Qué desea **usted?**
3. **Yo** quiero que hagas tus deberes.
4. **Tú** haz la compra mientras **yo** tiendo la ropa.
5. **Él / ella** necesita que **le** vigilemos la comida / **se la** vigilemos.
6. **Tú** te callas.
7. **Ella** ha sido la culpable
8. ¿No creéis que **ellos** nos están mintiendo?
9. ¿Podrían decirme **ustedes** dónde está Correos?
10. **Os** he dicho mil veces que no fuméis en casa.

21.
1. **Se los** explicó.
2. Ten en cuenta que deberías obedecer**los.**
3. Estoy buscándo**la.**
4. **Se la** entregó.
5. **Les** telefoneó desde el hotel.
6. **Lo** resolvió a la primera.

7. **Lo** sabía.
8. **Se las** mandaré mañana.
9. **Los** quiero muchísimo.
10. ¿**Lo** sabes? Carmen **lo** quiere.

22.
A: el; la
B: lo; el
A: Yo; algunas; mis; tú
B: yo
A: te; el
B: Me; el; mi; ellos
A: una; un; Yo; la

23.
1. Más vale pájaro en mano que ciento volando.
2. A quien madruga Dios lo ayuda.
3. Más sabe el diablo por viejo que por diablo.
4. Cuando las barbas de tu vecino veas pelar, pon las tuyas a remojar.
5. De tal palo tal astilla.
6. El hombre propone y Dios dispone.
7. El que a buen árbol se arrima, buena sombra le cobija.
8. Más vale lo malo conocido que lo bueno por conocer.
9. A Dios rogando y con el mazo dando.
10. Agua que no has de beber déjala correr.

24.
1. Cría cuervos y te sacarán los ojos.
2. Del dicho al hecho hay un buen trecho / va mucho trecho.
3. A perro flaco todo son pulgas / todo se le vuelven pulgas.
4. El muerto al hoyo y el vivo al bollo.
5. Aunque la mona se vista de seda, mona se queda.
6. ¿No querías caldo? Pues toma dos tazas.
7. A quien madruga Dios lo ayuda.
8. No hay mal que por bien no venga.
9. Más vale prevenir que curar.
10. Todos hablan de la feria según les va en ella.

25.
1. **su** rodilla (en el mundo periodístico es bastante frecuente este uso enfático, pero no siempre resulta correcto)
3. **su** ordenador
4. **mi** casa
6. **su** camisa
7. **tu** pelota
8. **sus** padres
9. **su** coche
10. **mis** pantalones

26.
2. parecen **suyos**
3. **su** clase
4. **Su** educación
6. **vuestra** casa
7. no contar nada **mío**
8. **su** camisa
10. son **suyas**

27.
1. Se **lo** dije…
2. déjame**lo**
3. **nos** lo comemos
4. **Se** parece…
5. **Se** lo ha dicho (a ella).
6. (A ustedes) **Les** hacen caso.
7. ¡**Lo bonito** que es!
8. Es uno de **sus** coches.
9. **Le** he dicho…
10. **Sus** amigas…

28.

Yo caminaba por el parque entre los árboles. Pensaba en **mis** cosas e iba ensimismado. Ella **me** vio desde lejos y quiso llamar**me**, pero **yo** no **escuché** su llamada. Ella se acercó entonces hasta llegar a **mi** lado y **me** habló quedamente: "¡Hola, Juan! ¿Qué tal estás?". **Yo me sobresalté** porque no esperaba a nadie cerca de **mí** y porque **mis** pensamientos eran contradictorios y apasionados. La **miré** a los ojos, la **reconocí** y le **dije** que estaba pensando en ella. Ella **me** sonrió. Entonces **nos miramos** en silencio y **yo** finalmente la **invité** a tomar un café de forma tímida. **Caminamos** el uno junto al otro hasta la terraza más cercana. Ella **me** dijo que si **yo** quería iba ella a hablar con **mi** mujer.

Tú caminabas por el parque entre los árboles. **Pensabas** en **tus** cosas e **ibas** ensimismado. Ella **te** vio desde lejos y quiso **llamarte,** pero **tú** no **escuchaste** su llamada. Ella se acercó entonces hasta llegar a **tu** lado y **te** habló quedamente: "¡Hola, Juan! ¿Qué tal estás?". **Tú te sobresaltaste** porque no **esperabas** a nadie cerca de **ti** y porque **tus** pensamientos eran contradictorios y apasionados. La **miraste** a los ojos, la **reconociste** y le **dijiste** que **estabas** pensando en ella. Ella **te** sonrió. Entonces **os mirasteis** en silencio y **tú** finalmente la **invitaste** a tomar un café de forma tímida. **Caminasteis** el uno junto al otro hasta la terraza más cercana. Ella **te** dijo que si **tú querías** iba ella a hablar con **tu** mujer.

LECCIÓN 5

1.

a.

península, monte, bosque, vega, duna, alameda, afluente, golfo, meseta, archipiélago, delta, desierto, cala, llanura

b.

cordillera, ribera, río, continente, isla, valle, montaña, mar, cabo, bahía, colina, playa, meandro, caleta

2.

zonas tropicales:

selva, desierto, duna, llanura, río, valle, isla

zonas intermedias:

cordillera, montaña, río, cabo, caleta, bosque, monte, valle, llanura, isla

zonas árticas:

glaciar

3.

mar: surfing, vela, pesca
ríos: pesca, rafting
selva: león, caza
monte: caza, lince, senderismo ·
aire: globo, parapente
montañas: alpinismo, senderismo

4.

Respuesta libre.

5.

1. de; a	6. en
2. para	7. en; desde; hasta
3. Desde; de	8. hasta
4. para	9. desde; hasta; a
5. por	10. tras

6.

1. a	6. de
2. De / Desde; a / hasta	7. en
3. de	8. en
4. a	9. por
5. por	10. en

7.

1. para	6. Para
2. por; para	7. por; para
3. por	8. por
4. para; por	9. para
5. para	10. para

8.

1. falta de voluntad	6. comparación
2. inminencia	7. finalidad
3. destino	8. finalidad
4. plazo	9. comparación
5. causa	10.'sin'

9.

1. comparación	6. comparación
2. agente; opinión	7. localización aproximada
3. comparación	8. causa
4. plazo	9. falta de voluntad
5. finalidad	10.'sin'

10.

Posibles respuestas

1. Vete tú por mí.
2. Le felicitaron por sus éxitos.
3. Nos veremos por Navidades.
4. Para mí, ellos no tienen razón.
5. Estás muy capacitado para ese trabajo.
6. Estuvimos hablando por teléfono más de una hora.
7. La tarea está por hacer.
8. Voy para Madrid.
9. Un cuadro pintado por Dalí.
10. Lo dijo para tranquilizarnos.

11.

Posibles respuestas

1. **María:** Me ha dicho Pedro que podemos ir a su casa a pasar el fin de semana.
   Luis: ¡Genial! No tenía dinero para pagar un hotel.
2. **Daniel:** ¿Sabes que me han tocado cien millones en la Primitiva?
   Luis: ¡Anda ya! Eso no te lo crees ni tú.
3. **Juliana:** Me han dicho que no tenemos que hacer el examen porque estamos todos aprobados.

Leopoldo: ¿De verdad? ¿Quién te lo ha dicho?

4. **Tania**: Nos van a dar diez días libres en el trabajo porque el jefe se casa.

   Carla: ¡Qué bien! Yo necesitaba un descanso urgentemente.

5. **Isidro**: Me he comprado un coche hace un mes y ya lo he llevado tres veces al taller.

   Carlos: ¡Es increíble! Ya no hacen coches como los de antes.

12.

1. No sé **por** dónde se va al mercado.
2. Ve **por** mí, que no puedo ir.
3. **Para** mí que tienes toda la razón.
4. **Para** mí que tiene esos dolores porque escala montañas todas las semanas.
5. Salió **para** tu casa en cuanto pudo.

13.

Posibles respuestas

a: acercarse, asistir, bajar, dirigirse, ir, subir, tirar, aspirar, atreverse, ayudar, acostumbrarse, arriesgarse, comprometerse, negarse, oponerse.

con: aliarse, convivir, coincidir, casarse, comparar, compartir, competir, relacionarse, negociar, bastar, conformarse, cumplir, soñar, repartir, tratar.

de: aburrirse, alegrarse, arrepentirse, asombrarse, avergonzarse, burlarse, cansarse, extrañarse, disfrutar, lamentarse, presumir, quejarse, reírse, cambiar, carecer.

en: apoyarse, afirmarse, entrar, meter, colaborar, intervenir, concentrarse, integrarse, fijarse, especializarse, coincidir, participar, consistir, creer, insistir.

14.

Posibles respuestas

1. Se acostumbró a salir tarde por las noches.
2. El vino sabía a frutas tropicales.
3. Se casó con su novio de toda la vida.
4. Se entendía muy bien con los chicos de su edad.
5. Se ha enamorado de su profesora de canto.
6. Los vigilantes se ocupaban de mantener en orden el edificio.
7. Nos empeñamos en terminar aquel trabajo.
8. Mis sobrinos se entretienen mucho con Internet.
9. Me ha insistido mucho en que vayamos a su casa.
10. Tardó en dar la respuesta, pero la dio muy decidido.

15.

1. asombrarse de
2. presumir de
3. soñar con
4. insistir en
5. convivir con
6. relacionarse con
7. despedirse de
8. convencer de
9. carecer de
10. meterse en

16.

Posibles respuestas

Tengo cinco clases a la semana.
Por la tarde estudia alemán.
Se levanta de madrugada para ir a trabajar.
Por la noche nos gusta salir con nuestros amigos.

17.

1. a
2. En
3. para / hacia
4. sobre
5. Desde hace
6. Desde
7. para
8. Tras
9. a
10. entre

18.

1. subimos una cordillera
2. Quedamos en
3. Pensaba salir
4. Lo hice a ciegas
5. se terminará para
6. Iré a / para
7. está por hacer
8. Por mí
9. a pedir de boca
10. A ciencia cierta

19.

por los pelos
de oídas
a regañadientes
por si las moscas
sin falta

de cabo a rabo
en un santiamén
sin ton ni son
a flor de piel
en resumidas cuentas

20.

l**ú**dico-festivo
v**í**deo-consola
ru**é**gaselo

cort**é**smente
dulcemente
sof**á**-cama

21.

Posibles respuestas

con acento:
Lavapiés, espantapájaros, vídeo-juego, vídeo-cámara, enfáticamente
sin acento:
correveidile, matarratas, quebrantahuesos, ala delta, cubrecama

22.

astur-leon**é**s
hispano-franc**é**s
anglo-americano
afro-indio
anglo-hind**ú**

hispano-ingl**é**s
hispano-alem**á**n
euro-asi**á**tico
austro-h**ú**ngaro

23.

Posible respuesta

Jacinto del Jazmín Rosa
C/ Invernadero, 9
Vilaflor
38740 Santa Cruz de Tenerife

4 de marzo de 2007

A la atención de Rosa Cortés
Polytrán, S. A.
C/ Príncipe de Vergara, 71
28006 Madrid

Muy Sres. nuestros:

El motivo de la presente es recordarles y reclamarles el envío de 700 semillas y 2 árboles pequeños que quedaron ustedes en enviarme la semana pasada. La mercancía no ha llegado y es muy necesaria para mi trabajo, por lo que les ruego no lo demoren mucho más tiempo. Creo que entenderán perfectamente la situación en la que me encuentro. Creía que ustedes trabajaban con mucha más rapidez y seriedad. Les ruego que me avisen si hubiera más demora en la espera, pues tendría que anular mi pedido y solicitarlo a otra compañía para resolver esta situación lo antes posible.

En espera de sus prontas noticias, aprovecho la ocasión para saludarles muy atentamente,

Fdo.: Jacinto del Jazmín Rosa

24.

Posibles respuestas

1. Lo siento de verdad; es tarde. / Lo siento; de verdad es tarde.
2. Mi infancia alegre, agridulce; mi vida... / Mi infancia alegre. Agridulce mi vida.
3. Todo terminó, afortunadamente. / Todo terminó afortunadamente.
4. Aunque lo desees, mucho no te puedo ayudar. / Aunque lo desees mucho, no te puedo ayudar.

5. Preguntó por curiosidad: ¡Montse!, ¿hay boda? / Preguntó por curiosidad Montse: ¿Hay boda?

25.

Cerrar podrá mis ojos la postrera
sombra que me llevare el blanco día,
y podrá desatar esta alma mía
hora a su afán ansioso lisonjera;

mas no, de esotra parte, en la ribera,
dejará la memoria, en donde ardía:
nadar sabe mi llama la agua fría,
y perder el respeto a ley severa.

Alma a quien todo un dios prisión ha sido,
venas que humor a tanto fuego han dado,
médulas que han gloriosamente ardido,

su cuerpo dejarán, no su cuidado;
serán ceniza, mas tendrá sentido;
polvo serán, mas polvo enamorado.

LECCIÓN 6

1.

F	A	R	O	L	A	W	C
E	O	I	R	A	M	R	A
O	A	D	N	O	T	O	R
S	A	D	L	A	B	X	I
T	S	G	I	D	N	E	C
E	E	C	F	O	A	L	A
R	A	R	Z	P	O	F	T
R	I	U	U	L	T	I	U
A	B	C	E	A	S	O	R
Z	O	E	A	C	E	R	A
A	M	A	C	A	F	O	S
A	C	I	M	A	R	E	C

léxico de la casa: balda, caricatura, flexo, sofá cama, cerámica, armario

léxico de la ciudad: acera, terraza, farola, cruce, buzón, rotonda

2.

ciudad: banco, cartel, valla, chiringuito, adosado, soportales, parquímetro, convento, manzana

hogar: porcelana, moqueta, acuarela, estante, busto, buró, mesilla de noche

circulación: plaza, rambla, glorieta, paseo, línea continua, peaje, carril, autopista, grúa

3.

1. arcilla
2. estante
3. chiringuito
4. buzón
5. baúl
6. catedral

4.

Doña Cástula servía siempre el último café de la noche a su patrón, don Carlos Román, en lo que él llamaba su **estudio:** un cuarto que primitivamente había sido acondicionado como consultorio, pero del cual, por la falta de uso, habían ido emigrando las **vitrinas** que guardaban los instrumentos quirúrgicos, las **mesas** de exploración y operaciones, para dejar solo un título borroso dentro de un **marco,** un juramento de Hipócrates ya ilegible y una **reproducción,** en escala menor, de ese célebre **cuadro** en que un médico cuya bata y gorro son blancos forcejea con un esqueleto para disputarle la posesión de un cuerpo de mujer desnudo, joven y sin ningún estigma visible de la enfermedad.

A pesar de que el **estudio** era la parte de la casa más frecuentada por don Carlos, y en la que permanecía casi todo el tiempo, se respiraba en él esa atmósfera impersonal que es tan propia de las habitaciones de los **hoteles.** No porque aquí no se hubiera hecho ninguna concesión al lujo, ni aun a la comodidad. Sino porque en el **mobiliario** (reducido al mínimo de un **escritorio** de caoba con tres **cajones,** solo uno de los cuales contenía papeles y estaba cerrado) no había ninguna de esas huellas que el hombre va dejando en los objetos cuando se sirve cotidianamente de ellos. Ni el arañazo del que saca punta al lápiz con una navaja, ni la mancha de tinta, cuya marca denota la pluma, porque no escribía.

5.

1. ofrezca
2. aprendió
3. recite
4. podéis / podréis
5. lleve
6. lleva
7. pasen
8. pasó
9. sepa
10. tengo
11. quieras
12. se levanten
13. se distrajeron / se distraían
14. lleguen
15. entiende

6.

1. No sé, **no hay nada** en ti que me **recuerde** a tu padre, sois **diferentes.**

2. Aunque no se sabe quién provocó el accidente, **nadie que lo haya visto** ha dicho que el conductor de la furgoneta **se saltara** el semáforo.

3. Los testigos no dicen nada, pero **no hay ninguno que esté seguro** de la inocencia del acusado.

4. Llámame mañana al despacho; **no conozco a nadie que pueda ayudarte** con este asunto.

5. Ahora lo recuerdo, **no hay ningún restaurante** en la ciudad donde **sirvan** tacos.

6. **Ningún banco que abra** por las tardes **ha aumentado** su cuota de mercado.

7.

Posibles respuestas

1. No hay nadie que **entienda de mecánica en esta clase.**

2. La guerra es la situación que más daño **ha ocasionado en la historia de la humanidad.**

3. Tengo un compañero que no **sabe nadar.**

4. No tengo ningún compañero que **no sepa nadar.**

5. No conozco a nadie que **sepa la solución.**

6. ¿Conoces a alguien que **esté estudiando arquitectura?**

7. Las matemáticas es la asignatura que más suspensos **tiene en todo el colegio.**

8. Hay un chico en mi clase que **sabe cinco idiomas.**

9. Existía un problema que nadie **sabía resolver.**

10. Nadie que **esté en su sano juicio querrá salir contigo.**

8.

1. Indicativo: antecedente conocido / subjuntivo: antecedente desconocido.

2. *Donde:* con antecedente que expresa lugar (= *en la que*) / *dónde:* adverbio (pregunta por el lugar).

3. Expresa un deseo / *qué:* modificador de intensidad (exclamativo).

4. Indicativo: conocemos la existencia de ese objeto (antecedente conocido) / subjuntivo: no conocemos su existencia (antecedente desconocido).

5. Indicativo: antecedente conocido / subjuntivo: antecedente desconocido.

6. Verbo *haber:* negación del antecedente (subjuntivo) / no hay negación (indicativo).

9.

1. Quienes / Los que
2. cuyo
3. lo que
4. que

5. el cual / quien / que
6. la cual / la que
7. lo que / como / donde / cuanto
8. dónde
9. que / cual
10. dónde / cómo / cuándo

10.

1. Incorrecta: por el que.
2. Incorrecta: cuyo.
3. Incorrecta: tras la cual.
4. Incorrecta: el que / el cual / quien.
5. Incorrecta: durante la cual / en la que.
6. Correcta.
7. Incorrecta: por el que.
8. Correcta.
9. Incorrecta: el que / quien.
10. Incorrecta: el que.

11.

Posibles respuestas

- Esta es la plaza en la que hay una estatua.
- Esa es la medalla que ganaste en el concurso.
- Esta es la caricatura con que ha ganado el pintor de mi pueblo.
- Este es el armarito de baño donde está mi peine azul.
- Este es el convento donde viven monjas.
- Estos son los buzones donde echar las cartas.
- Aquel es el autobús que conduce una mujer de mi barrio.
- Esta es la bocacalle en la que está la casa de mi tía.
- Este es el piso piloto que ha visitado la pareja de novios.
- Este es el amigo con el que voy al trabajo.

12.

1. en la cual / en donde
2. en la que hay
3. con quien
4. en la que / en la cual
5. Quien
6. donde
7. con la cual
8. en donde no cobran
9. en la que / en la cual

13.

1. El Ayuntamiento es quien / el que tiene que recoger la basura.
2. Arriesgándote es como ganarás más dinero.
3. En Ecuador es donde viviré el próximo año.
4. Los estudiantes son los que / quienes deben mantener limpia la biblioteca.
5. Después de comer es cuando me gusta dar un paseo.
6. En la iglesia de San Antonio es donde se casaron mis padres.
7. Practicando mucho es como aciertas siempre.
8. A eso de las siete es cuando se encienden las luces de la calle.
9. La persona que está en el mostrador de información es quien / la que debe saberlo.

14.

Posibles respuestas

- Escriba quien escriba, contestaremos la carta.
- Iré al certamen, lea quien lea el discurso.
- Lo haré, se ría quien se ría.
- Se ponga como se ponga, le informaremos de nuestra decisión.
- Vaya con quien vaya, yo siempre seré su amigo.
- Compre donde compre, siempre gasto más que ella.
- Llueva o no llueva, iremos.
- Esté donde esté, la encontraré.
- Acompañe a quien acompañe, no me fío de él.
- Saque las notas que saque, no irá con nosotros de vacaciones.

15.

Posibles respuestas

- Vayamos a donde vayamos, nos dirán que esto tiene que pagarlo la comunidad.
- Se pongan como se pongan, contrataremos a alguien para limpiar el portal.
- Sea lo que sea, avisaremos al electricista y que lo revise.
- Le pese a quien le pese, subiremos el recibo de la comunidad.
- Venga quien venga como nuevo vecino, le diremos que tenemos problemas con el gas.
- Sea quien sea, al final se descubrirá quién no ha pagado el recibo.
- Cueste lo que cueste, pondremos ascensor en el edificio.
- Se mire como se mire, es una falta de responsabilidad no querer ser el secretario de esta comunidad.

16.

♥ cuando	1. cuánto
✚ que	2. cuando
	3. qué
	4. cuándo
⬤ cuánto	5. que
	6. quién
▮ cuándo	7. Cuando
	8. cuánto
◎ qué	9. quien
	10. qué
◆ quién	11. qué
@ quien	

17.

1. ¿Qué quieres?
2. ¿Qué quieres?
3. ¿Cuál quieres?
4. ¿Cuál quieres?
5. ¿Qué quieres?
6. ¿Cuál quieres?

18.

1. ¿De **dónde** vienes a estas horas?
2. Voy donde quiero.
3. Dice que le **dé** la entrada.
4. ¡**Qué** contento **estás tú**!
5. Dice que **sí**, que ha sido **él**.
6. Lo **sé** desde el primer **día.**
7. **Tú** y **él** sois los culpables de todo.
8. Javier y David, haced el favor de venir.
9. No sabes **cuánto** lo siento, de verdad.
10. Cuando **paró** de llover **salió** el sol.

19.

Posibles respuestas

1. Mi merienda es solo para mí.
2. Quien tiene boca se equivoca, y si no, quién no se ha equivocado nunca.
3. ¿Qué quieres? Ya sé, que te deje mis cuadernos.
4. ¿Cómo se lo va a hacer? Se lo hará como pueda.
5. Se lo dije, pero sé que nunca cambiará.
6. El coche es de él.
7. ¿Cuándo fuiste tú a su casa? Yo te vi cuando empezó a llover, después perdimos la pista.
8. No se lo dé a ella, que es de mi abuela.

20.

Posibles respuestas

- me parece simpático / amable / todo un caballero / divertida / sincera / aburrido / cotilla / usurero / muy profesional…
- me cae bien / mal / como una patada / fatal / estupendamente / genial…

21.

1. Camarero, tráiganos la cuenta, por favor.
2. ¿Acaso te dijo algo a ti? –preguntó Juan a Belén.
3. Mozart (1756-1791) cuando tenía seis años ya era un gran músico.
4. Este año, Echevarría no participará en el Tour de Francia.
5. Si estudio mucho, podré ir a casa de mis abuelos; en caso contrario, me quedaré en mi casa.

22.

Entonces floreció en una idea que tuvo por digna de su talento y de su cultura universal y de su arduo conocimiento de Aristóteles. Recordó que para ese día se esperaba un eclipse total de sol. Y dispuso, en lo más íntimo, valerse de aquel conocimiento para engañar a sus opresores y salvar la vida.

–Si me matáis –les dijo– puedo hacer que el sol se oscurezca en su altura.

Los indígenas lo miraron fijamente y Bartolomé sorprendió la incredulidad en sus ojos. Vio que se produjo un pequeño consejo, y esperó confiado, no sin cierto desdén.

I.

1. ministro
2. libertad de voto
3. listas electorales
4. colegio electoral; urna; presidente
5. oposición; democrático

2.

```
V O T O R R T Y O U I O P Q W E R T Y U
E A S R D F G H D J K L Ñ Z X C V B N M
S Q W T A S E R A C F P H J K L Ñ O P U
C W E S R T Y U T I O G L Ñ J K H G F D
F V B I E N M D S F A S D H J G U K L Ñ
G Q W N D N F G E T N E D I S E R P M N
H Z X I C V A B N J K L Ñ F R T N Y U I
J Q W M E R T D E M O C R A C I A G H J
K Q E R W Q T Y O Y H V B V O N M Z X A
L S D N E W Q R T R F G H J M K L Ñ S D
Ñ Q W E O R T Y U I O P L Ñ I F H G J K
P A S D F I R E T Y U J G J C K L Ñ M N
O Z A Q S D C E W H J L U I I L Ñ J H Q
K A E T Y H T A I O P J G H O V B N M X
L S D R T Y U B N X C C E N S O S D E F
```

3.

Posibles respuestas

1. Porque no se me ocurre qué decir.
2. Porque está muy lejos y no tengo coche.
3. Porque mi padre me ha dicho que son los mejores.
4. Porque estaba de vacaciones.
5. Porque lo hacen todo mal.

4.

Posibles respuestas

1. lloverá	6. venga / viene
2. podrán	7. presentarán
3. suba	8. cometieran
4. no había leído	9. propondrá
5. apoya / apoyará	10. serían / serán

5.

1. Estoy encantado de que hayamos ganado las elecciones.
2. Conseguiré que la mayoría me vote a mí.
3. Es fantástico que Juan se vaya de vacaciones a Egipto.
4. Es una pena que no haya alcanzado la mayoría absoluta.
5. Es una vergüenza que hayan vuelto a subir los precios.
6. Me da asco comer caracoles.
7. Me aburre que siempre me cuentes la misma historia.
8. El coronel ordenó que fueran a pelar trescientos kilos de patatas.
9. Quiero que te estudies este libro.
10. Me temo que no llegaremos / lleguemos a un acuerdo.

6.

1. Mi jefe ha ordenado que haga el viaje.
2. Mis padres me obligan a que vaya a clase de inglés.
3. El secretario de Estado quiere que me ponga la corbata.
4. Los interventores me han pedido que traiga las papeletas.
5. Los votantes han pedido que se apruebe la ley.
6. Mi jefe de partido me recomienda que lea este libro.
7. El psicólogo aconseja que escuche esta música.
8. Hacienda ordena que haga la declaración de la renta.
9. Los electores han demandado a la oposición que hable / que la oposición hable con el jefe del Gobierno.
10. La ocasión requiere que dé un discurso.

7.

1. ¿Qué temes? Me temo que habrá más atentados.
2. ¿Qué te alegra? Me alegra que el partido del Gobierno pase a la oposición en las próximas elecciones.
3. ¿Qué crees? Creo que no hay suficientes urnas para la votación.
4. ¿Qué supones? Supongo que subirán los impuestos.
5. ¿Qué te pone de los nervios? Me pone de los nervios que haya muchos tránsfugas en el Congreso.

8.

1. viajar; 2. que tengas; 3. ir; 4. que descubran; 5. que vayas; 6. que llegara / llegar; 7. que comamos; 8. que estudie / estudiar; 9. sea; 10. comer; 11. conseguir; 12. limpiar; 13. que actúe; 14. encontrarle; 15. haga.

9.

1. pierdas; 2. seáis; 3. diera; 4. critiquen, conocen; 5. enfadarais; 6. contara; 7. tengamos; 8. resolvierais; 9. comprendiera; 10. salgamos.

10.

1. dijera; 2. hayan estado; 3. vaya; 4. hablar, notara; 5. besaran; 6. seas; 7. haya; 8. use; 9. escuche; 10. dejara.

11.

1. mandar; 2. quejarse; 3. sueñe; 4. observar; 5. explicar.

12.

1. *Confesar* con el significado de comunicar algo / Es una orden negativa.
2. Sujeto específico / Generalización.
3. Mismo sujeto / Distinto sujeto.
4. Distinto sujeto / Mismo sujeto.
5. Generalización / Sujeto específico.

13.

Posibles respuestas

1. Me parece normal que el presidente dimita el martes, porque lo está haciendo muy mal.
2. Me parece raro que el alcalde prometa a los jubilados un viaje por Europa, porque el Ayuntamiento no tiene mucho presupuesto.

3. Me parece absurdo que el ministro tenga más amantes que dinero, porque tiene una familia ideal.
4. Me parece ridículo que los directores generales desconfíen de su suerte en las elecciones, puesto que todo el mundo sabe que tienen un gran apoyo.
5. Me parece innecesaria una nueva subida de los seguros, puesto que los accidentes se seguirán produciendo de igual manera.
6. Me parece imposible que las listas electorales estén amañadas, porque esas cosas no deberían ocurrir en una democracia.
7. Me parece mal que los secretarios de Estado gasten mucho dinero en dietas porque deberían mirar por la economía de la nación.
8. Me parece extraño que el colegio electoral estuviera cerrado porque era la hora de comenzar las votaciones.
9. Me parece mentira que los ministros del ramo celebraran un desayuno de trabajo, porque todo el mundo sabe que sus relaciones no son buenas.
10. Me parece poco probable que los comicios se adelanten al próximo verano, porque mucha gente estará de vacaciones.

14.

1. lleve / lleva; 2. que fuera / ir; 3. haya; 4. Correcta; 5. has; 6. guste; 7. esté / está; 8. está; 9. Correcta; 10. repita.

15.

Posibles respuestas

1. limpiar; 2. realizar; 3. resolver; 4. trabajes; 5. Termínalo; 6. he escrito; 7. pinta; 8. preparaba; rellenaba; 9. pruebes; 10. he dado.

16.

1. El **departamento** de Contabilidad necesita un(a) **director / directora** en Sistemas Infocomerciales para **compañías** filiales. Contactar con **doña** Estefanía Suárez.
2. Edificios exclusivos en el **este** de Madrid. **Calle** Sidarta, **número** 3, **segundo izquierda.** Llámenos, somos Offices, **Sociedad Limitada.**
3. Pío XII, en el **suroeste** de Madrid. Plazas garaje en **Santa** Coloma, 16. Consulte con nuestro **departamento** de Ventas y pregunte por **don** Luis del Haya. **Ustedes** decidirán cuándo se lo cargamos en su **cuenta.**

17.

Posible respuesta

Mensaje para el Sr. González:
El libro que me envió tiene demasiadas págs., además un cap. ha desaparecido. Ud. me dirá qué hacemos. Mire, p. ej., el borrador que nos envió en primavera. Quizá de ahí pueda sacar una idea gral. Quiero verlo cuanto antes, aún tenemos otros asuntos pendientes, etc.

18.

Mi padre **cree** que el programa político más votado **prohíbe** a los menores de edad beber alcohol porque **considera** que es obligación del Gobierno tomar cartas en el asunto. A muchos padres **les gusta** esta medida y se **rumorea** que pueda llegar pronto a extenderse a otros países. A mí me **aconsejan** que **anime** a los jóvenes a participar en el proyecto para que no sean vistos solo como víctimas. Además, lo que **dice** la oposición no es cierto.

Más bien hay que **pensar** que es todo producto de la envidia.

19.

Posibles respuestas

orla, menta, mapa, parto, mala, lapa, pala, manta, topar, tapa, arpa, perla, neto, poema, nata

20.

Respuesta libre.

21.

Posibles respuestas

1. su padre; 2. su profesor; 3. su amigo; 4. su novia; 5. su hermana mayor; 6. el profesor de gimnasia; 7. su hermano pequeño; 8. su abuelo.

22.

1. Va a disculparme, pero no me llevo ninguna.
   cliente / vendedor
2. Mañana tendrás que quedarte hasta las seis.
   jefe / empleado
3. Harás lo que yo te diga.
   padre / hijo
4. Tómese dos al día.
   médico / paciente
5. ¿Podrías dejarme tu mochila?
   dos compañeros de clase
6. Te he dicho muchas veces que no debes confiarte.
   profesor / alumno

23.

Posibles respuestas

1. Limpia la habitación.
2. Venga, preséntate, que vas a ganar.
3. ¿Podría revisarme de nuevo el examen?
4. Acabe usted el informe.
5. Primero debes enchufarla, después elegir el programa…
6. Me ha dicho el profesor de inglés que quiere verte ahora mismo.
7. Hacedme caso y no fuméis tanto. Os lo digo por vuestro bien.

24.

Posibles respuestas

1. Tiene que hacer deporte.
2. Va a disculparme, pero creo que esa camisa no le favorece nada.
3. No fume en público.
4. Visite colegios y centros públicos.
5. No haga promesas en sus viajes oficiales.
6. Sonría más.
7. Sea amable con los medios de comunicación.
8. Debería estudiar inglés.
9. Tendría que teñirse las canas.
10. Tómese la vida más tranquilamente.

25.

1. asco, repulsión; 2. enfado; 3. duda, preocupación; 4. angustia, temor; 5. preocupación; 6. enfado; 7. temor, preocupación; 8. asco, repulsión; 9. angustia, temor; 10. repulsión, enfado.

1.

Posibles respuestas

Jugar al tenis, a las cartas, al baloncesto, al fútbol, a las chapas, a las canicas.

Coleccionar sellos, cromos, monedas, maquetas.

Hacer deporte, punto, maquetas, crucigramas, manualidades.

2.

1. piano → pianista
2. violín → violinista
3. flauta → flautista
4. guitarra → guitarrista
5. trompeta → trompetista
6. saxofón → saxofonista
7. arpa → arpista
8. batería → batería

3.

1. pianista (no es un deportista)
2. patinadora (es la única deportista)
3. dar paseos (se hace con los pies y no con las manos)
4. pelota (no es un juego de mesa)

4.

1. nade
2. deporte
3. tenista
4. tatami
5. minuto
6. tónica
7. canasta
8. talado
9. dominó
10. noria

5.

1. No **volveré** a verla hasta que no **regrese** de Túnez.
2. Ya sabes que no me gusta, pero me **pondré** corbata siempre que **tenga** que ir a una reunión importante.
3. Cuando **llegue** a casa me **pondré** unas zapatillas para estar más cómodo.
4. Después de hacer el ejercicio anterior lo mejor **será** tomarse un respiro.
5. Tan pronto como **tenga** ocasión **iré** al cine o al teatro con Andrés.
6. Cuando **pases** por la puerta del estanco, te **acordarás** de que **tendrás / tienes** que comprar sellos.
7. Tan pronto como **tenga** noticias vuestras, me **pondré** muy contenta.
8. En cuanto la **vea,** se **pondrá** a llorar de alegría.
9. Antes de irse me **ayudará** a recoger un poco la casa.
10. En cuanto el tren **llegue** a la estación, **recogerá** mis maletas y me **llevará** al hotel.

6.

Posibles respuestas

1. Antes de venir pregunta la dirección.
2. Al conducir no hables por teléfono.
3. Nada más llover crecen muchas setas.
4. Después de verla comentaremos la película.
5. Siempre que tengo tiempo, repaso el examen.
6. Tan pronto como traigas la baraja jugaremos a las cartas.
7. Mientras comemos veremos la tele.

8. Una vez que avisen empezará el concurso.
9. No bien llamamos abrió la puerta.
10. Antes de que escuchara la oferta dijo que no.
11. Después de que me examinara un especialista, el médico de familia me recetó unos sobres.
12. Apenas le oí marcharse.
13. Cuando cogió el tren se equivocó de andén.
14. Mientras trabajaba en Chile conoció a su mujer.
15. Leeré este libro entre tanto tú juegas esa partida.

7.

Posibles respuestas

1. estudiar
2. hables
3. llamo
4. avisamos
5. ver
6. dice
7. vengas
8. reunimos
9. charlamos
10. entrar

8.

1. desde que
2. hasta que / mientras
3. mientras
4. después de
5. Desde que
6. antes de
7. cuando / mientras
8. Antes de
9. antes de
10. al
11. Conforme / A medida que / Según
12. Siempre que / Cada vez que
13. en cuanto / cuando
14. en cuanto / cuando
15. a medida que / conforme / según

9.

Antes de **venir** a Madrid me daba miedo pensar en una ciudad tan grande, pero una vez que **puse** el pie en el aeropuerto me sentí más tranquila. Cuando **recogí** las maletas y **subí** al taxi, pensé que en el fondo todas las ciudades eran iguales. Nada más **llegar** a casa me sentí un poco sola, pero a los pocos días conocí a un montón de gente. Ellos también habían venido a estudiar y después de que **charláramos** un rato, nos dimos cuenta de que teníamos los mismos problemas. No es fácil adaptarse a un país extranjero hasta que **pasa** un tiempo.

10.

1. que viniera / venir
2. coger
3. cerrar
4. saber
5. entrar

11.

1. antes de que
2. cuando
3. Después de

4. hasta que
5. siempre que / cada vez que / cuando
6. en cuanto / tan pronto como / cuando
7. Cuando; mientras
8. cuando / mientras
9. en cuanto / tan pronto como
10. nada más / al

12.

Respuesta libre.

13.

⇨ Los que se utilizan con verbos de movimiento son: *a* y *a que*.

⇨ Los más frecuentes para resaltar el fin son: *a fin de (que), con el fin de (que), con el objeto de (que).*

⇨ Los menos frecuentes para resaltar el fin son: *con la intención de (que), con la idea de (que), con vistas a (que).*

14.

Respuesta libre.

15.

Posibles respuestas

1. Miró por la ventana para comprobar que no había nadie.
2. Leyó en voz alta para que todo el mundo se enterara.
3. Corrió a la estación a esperar al presidente.
4. Vino a que le enseñáramos el coche nuevo.
5. Trabajó tanto a fin de ganar más dinero.
6. Escribió una novela a fin de que se la publicaran.
7. Abrieron la puerta con la intención de dejar entrar el aire.
8. Le dieron una pastilla con la intención de que durmiera toda la noche.
9. Permanecieron sentados con el objeto de no perderse entre la niebla.
10. Telefoneó a sus padres con el objeto de que no se preocuparan.

16.

Posibles respuestas

1. para; perfeccionar
2. a fin de que / para que; veas; des
3. con la intención de que; estuvieran; para; saber
4. para que / con la intención de que; fuéramos
5. con el objeto de; conseguir
6. para que / a fin de que; comprendiera
7. para que / a fin de que; quedaran
8. para que / a fin de que; venga; pase
9. para que / con la intención de que; anime
10. para; terminar

17.

Respuesta libre.

18.

1. vagabundo; 2. bicarbonato; 3. padrastro; 4. enciclopedia; 5. dentífrico.

19.

1. tener; 2. entrenes; 3. estaban; 4. quería; 5. sea; 6. inauguró; 7. sabiéndolo; 8. esfuerces; 9. eran; 10. ser.

20.

1. cuente; teniendo; 2. advertí; 3. ser; tenga / tiene; pese.

21.

1. lleguemos; 2. se lo toma; 3. fuera; 4. fueras; 5. tiene; 6. trabaje; 7. pueda; 8. pasara / pase.

22.

Posibles respuestas

1. Aunque la acústica fuera muy buena, el grupo sonaba muy mal.
2. A pesar de parecer un simple turista, no logró convencer a la policía.
3. Aunque es un buen estudiante, no aprueba ni un examen.
4. Aunque se encuentre mejor de salud, sigue sin levantarse de la cama.
5. A pesar de que discuten todo el día por cualquier tontería, no pueden vivir el uno sin el otro.

23.

1. donó
2. entregar / presentar
3. cedieron
4. otorgado
5. concedido
6. encender
7. pegarse
8. prestar
9. ofrecen / organizan
10. regaló

24.

morder: mordéis, mordáis
guardar: guardáis, guardéis
habitar: habitáis, habitéis
tirar: tiráis, tiréis
meter: metéis, metáis
oler: oléis, oláis
saltar: saltáis, saltéis
extender: extendéis, extendáis
obedecer: obedecéis, obedezcáis
mirar: miráis, miréis

25.

Respuesta libre.

26.

1. Antes de que **vengas** iremos a la compra.
2. Venimos temprano a fin de que **tengamos** una buena reserva.
3. Correcta.
4. Correcta.
5. He llamado **para que tú vengas** a mi casa.
6. Correcta.
7. Cada vez que te asomas por la puerta me **distraes.**
8. No corras, que no **parezcas** nervioso.
9. Correcta.
10. Te llamaré después de que **llegue** a Madrid.

I.

hoja de cálculo – procesador de texto (son programas)
teclado – ratón (introducen órdenes y datos)
e-mail – correo electrónico (son sinónimos)
Internet – servidor (sin un servidor no puedes conectarte a Internet)
microprocesador – disco duro (son dispositivos internos)
micrófono – altavoces (son dispositivos externos)

2.

1. ordenador
2. alfombrilla
3. disco duro
4. CD-ROM
5. dirección

3.

1. ratón
2. pantalla
3. televisión por cable
4. procesador

4.

⇨ procesador (sobra la **u**)
⇨ cable (sobra la **o**)
⇨ cobertura (sobra la **l**)
⇨ módem (sobra la **r**)
⇨ programa (sobra la **b**)
⇨ antena (sobra la **c**)

5.

1. ordenador
2. dormirían
3. antena
4. nadaría
5. arroba
6. batería
7. aéreo
8. operadora
9. ratón

6.

1. puedes
2. está; déjaselo
3. camines
4. saltemos
5. venir
6. se ponen
7. estén
8. te llevarás
9. suenen
10. estoy

7.

1. puedes
2. tengas
3. conseguimos
4. observéis
5. tengas
6. Esperando
7. haya
8. traigas
9. está
10. salir

8.

Posibles respuestas

Si fuera rico, viajaría por todo el mundo.
Si fuera guapo, saldría con muchas chicas.
Si fuera delgado, me compraría muchos trajes.
Si fuera famoso, saldría en las revistas.
Si fuera actor, conocería a actrices famosas.
Si fuera supermán, sería capaz de levantar un elefante.

9.

1.
➪ porque
➪ No; no porque; porque
2.
➡ Es que
3.
➢ No es que; es que
4.
➡ no; porque; porque

10.

1. quieres
2. dijiste
3. eran / fueron / habían sido
4. estaban / están; sonaban / suenan
5. tenemos
6. duele
7. leer
8. han concedido
9. esté; es
10. empezarán

11.

Posibles respuestas

1. No porque sepas manejar este programa tienes que olvidarte de los otros, sino porque son antiguos.
2. No es que vayas más rápido por tener un Pentium, sino porque has eliminado ficheros inútiles.
3. No es que me den miedo los aviones por haber tenido un accidente, es que tengo claustrofobia.
4. No es que no sepamos navegar por Internet; tardamos en establecer la comunicación porque el servidor está saturado.
5. No cambió los altavoces porque estuvieran rotos, es que tenían poca potencia.
6. No es que guarde la información en un disco para llevármela a casa, es por seguridad.
7. La impresora no imprime bien, no porque le falte tinta, sino porque necesita papel continuo.

12.

1. Detuvieron a los ladrones gracias a que un hombre llamó por el móvil a la policía.
2. Te ha pillado el atasco de la manifestación por no haber visto la tele.
3. Ya que quieres ganar la carrera, tienes que entrenar dos horas todos los días.
4. De tanto esforzarse por entenderlo, empezó a dolerle la cabeza.
5. Como no tengo coche, me iré de vacaciones en tren.
6. Iremos al museo el martes por la mañana porque hoy no me encuentro bien.
7. Apaga todas las luces, que van a entrar todos los mosquitos.
8. Puesto que ahora tienes tiempo libre, podemos pintar la casa.
9. Estoy más tranquila, pues han detenido a los estafadores esta mañana.
10. No te avisé anoche; es que pensé que no te preocuparías tanto.

11. Ha conseguido memorizar toda la información a fuerza de leerla muchas veces.
12. Dado que estamos todos aquí, empezaremos la reunión.

13.

1. puedes
2. entrenar
3. no me da
4. tenemos que marcharnos
5. dejaste
6. llegaron
7. no haber acabado
8. no se ha llevado
9. me obliguen; me apetece

14.

1. nos fuimos
2. parezca
3. tuvieron
4. le dieran
5. parecía
6. te tiemblen
7. parece
8. diga
9. tengas
10. no pudieron

15.

1. Hace frío, así que ponte el jersey.
2. El examen será dentro de dos días, de modo que probablemente el profesor está preparando las preguntas.
3. Está lloviendo, luego seguramente el partido se habrá suspendido.
4. Parece enfadado, por lo tanto es mejor no hablar con él en este momento.
5. No le invitaron a la fiesta y por eso tal vez esté un poco molesto.
6. Ayer te fuiste media hora antes del trabajo, por consiguiente hoy estarás aquí hasta las dos y media.
7. Necesito el dinero que te presté, así que devuélvemelo.
8. Es el mejor en su especialidad, conque ojalá tenga un hueco para verte.
9. Por la noche no hay nadie con los ordenadores, de forma que quizás podamos usarlos.
10. Dejé las llaves en ese cajón, luego posiblemente estarán ahí.

16.

1. se comía
2. le sobraban
3. se sentaba
4. se caía

17.

Posibles respuestas

1. Por las noches me duele el estómago, así que tengo que cenar menos.
   Tengo que cenar menos porque por las noches me duele el estómago.
2. Tengo que andar dos kilómetros cada día puesto que andar es bueno para el corazón.
   Andar es bueno para el corazón, por eso tengo que andar dos kilómetros todos los días.
3. Como he estudiado mucho, he aprobado todos los exámenes.
   He estudiado mucho, por consiguiente he aprobado todos los exámenes.
4. Llegaremos temprano al aeropuerto ya que nos llevarán en coche.

Nos llevarán en coche, luego llegaremos temprano al aeropuerto.
5. No hay suficientes participantes, por eso han suspendido el concurso.
   Han suspendido el concurso por no haber suficientes participantes.
6. La carretera ha estado cortada toda la mañana dado que ha habido fuertes nevadas.
   Ha habido unas nevadas tan fuertes que la carretera ha estado cortada toda la mañana.
7. Pertenecemos a la misma comunidad, por lo tanto, no necesitamos pasaporte para viajar a Alemania.
   Como pertenecemos a la misma comunidad, no necesitamos pasaporte para viajar a Alemania.
8. Se ha roto la batidora, conque he comprado un bote de mayonesa.
   He comprado un bote de mayonesa porque se ha roto la batidora.
9. Nos gastaremos todos los ahorros en viajar, luego ahora no vamos a comprar el coche.
   Ahora no vamos a comprar el coche, pues nos gastaremos todos los ahorros en viajar.
10. Alguien se dio cuenta de que Enrique Iglesias estaba en la reunión, por eso había muchos fans a la salida.
    Como alguien se dio cuenta de que Enrique Iglesias estaba en la reunión, había muchos fans a la salida.

18.

Posibles respuestas

1. estaba
2. subiendo
3. hubiera estado practicando
4. supiera / sepa
5. salió
6. poder
7. fuera
8. aparecen / aparezcan
9. recomendaron / recomienden
10. poniéndolas

19.

Posibles respuestas

1. Salió de la casa sin que nadie se enterara.
2. Cuando se enfada, se pone a gritar lo mismo que si estuviera loca.
3. Vístete como quieras.
4. Lo preparé según indicaban las instrucciones.
5. Apagó la alarma cortando los cables.
6. Se fue sin decir adiós.
7. Reacciona según te aconseje tu instinto.
8. Se asustó igual que si hubiera visto un fantasma.
9. Es mejor que se haga como tú dices.
10. Habla de cualquier tema como si fuera un experto.

20.

1. sin cenar
2. sin que mis padres lo supieran
3. sin saber cómo
4. sin pagar la entrada
5. sin que el público notara el truco

21.

1. anteponer: preposición + verbo
2. parapeto: verbo + nombre
3. contrapuesto: preposición + participio
4. bienintencionado: adverbio + participio
5. manufacturar: nombre + verbo
6. blanquinegro: adjetivo + adjetivo
7. tragaperras: verbo + nombre
8. guardabosques: verbo + nombre
9. sinrazón: preposición + nombre
10. contraer: preposición + verbo

22.

1. sin + número = sin**nú**mero
2. medio + día = medio**dí**a
3. físico + química (sin guión) = fisicoqu**í**mica
4. hispano + árabe = hispano-**á**rabe
5. tras + pie = traspi**é**

23.

antepo**ner,** males**tar,** ferroca**rril,** manio**brar,** guarda**rro**pa, para**rra**yos, bienintencio**na**do, menos**pre**cio, sinra**zón,** traga**pe**rras, mal**cria**do, mal**sa**no, contra**pues**to, todopode**ro**so, sobrehu**ma**no, salpi**car,** sinver**güen**za, antepa**sa**do, boquia**bier**to, puntia**gu**do, limpia**bo**tas

24.

1. verdadera
2. falsa
3. verdadera
4. falsa
5. verdadera
6. verdadera
7. falsa
8. falsa

25.

bocamanga, sacacorchos, saltamontes, altibajo, sietemesino, bocacalle

26.

Iniciar:

¿qué haces por aquí, de dónde vienes? (pregunta); *pues mira.*

Concluir:

Por cierto, que llego tarde; y que se te dé bien la clase (deseo); *bueno, te dejo; ya nos veremos por aquí.*

Cambiar de tema:

y hablando de…

Interrumpir:

Venga, corta el rollo.

L E C C I Ó N **10**

1.

1. pendientes
2. abanico
3. zapatos
4. calcetines

2.

toalla, gafas de sol, crema → **piscina**

mallas, chándal, deportivas, calentadores → **gimnasio**

gafas de sol, crema, chirukas, deportivas, anorak → **montaña**

camisón (se podría poner el resto de las palabras, ya que todos los objetos podemos tenerlos guardados en nuestra habitación) → **tu habitación**

3.

ir → venir; hoy → ayer; aquí → allí; la próxima semana → a la semana siguiente; dos días después → dos días más tarde; ahora → en ese momento; mañana → al día siguiente; traer → llevar; la semana pasada → la semana anterior.

4.

1. la peineta
2. el alfiler; la corbata
3. una falda
4. un pijama
5. un ojal; la chaqueta
6. manoplas
7. unos gemelos
8. sombrero

5.

Posibles respuestas

1. pantalón, jersey, camiseta, botas de agua, gorra, caña de pescar, cesta para los peces, red, cebo
2. pantalones cortos, camiseta, calcetines, deportivas, raqueta, gorra, pelotas de tenis
3. vestido elegante, zapatos de tacón, medias, pamela, chal, collar, anillos, pulseras, brazaletes, bolso de mano, pendientes

6.

1. Que cierres la ventana.
2. Que vayamos a la reunión.
3. Que va a subir / subirá el recibo el mes próximo.

7.

Posibles respuestas

1. ¿Perdona?
2. ¿Cómo dices?
3. No te he oído bien, ¿qué has dicho?
4. Perdona, no estaba atento, ¿podrías repetir?
5. ¿Cómo?, ¿qué?

8.

1. confesar / admitir
2. amenazar
3. poner excusas
4. despedirse
5. invitar
6. felicitar
7. pedir un favor
8. ironizar
9. expresar temor
10. dar la razón

9.

1. Dijo que **había ido** al teatro con Inés.
2. Al salir de la ducha se seca con su **albornoz / toalla.**
3. **Lo felicitó por** su trabajo.
4. Correcta.
5. Le preguntó **por qué** estaba preocupada.

10.

Posibles respuestas

1. **Periodista:** ¡Perdone! ¿Tiene unos minutos para contestar a unas preguntas?
   Señor: Tengo prisa, así que sea breve, por favor.
   Periodista: ¿Está a favor o en contra de que los niños vean mucho la televisión?
2. **Turista:** Perdone, ¿dónde está la oficina de correos más próxima?
   Joven: Lo siento, pero no soy de aquí, no conozco esto. Pero, mire, creo que podría preguntar en esa tienda.

11.

Posibles respuestas

Una clienta compra pan y pregunta cuánto cuesta. La dependienta de la tienda le contesta que 0,70 €.

La chica le dice al chico que está muy cansada y que se va a casa a echarse un rato y él se despide de ella.

12.

1. Dijo que se iba a cambiar de piso.
2. Dijo que compraría un regalo para Marta.
3. Dijo que comiera despacio.
4. Dijo que quizá hubiera / hubiese llamado por teléfono.
5. Dijo que habría hecho los deberes, pero sería en sueños.

13.

Posibles respuestas

1. **Peatón:** ¡Por Dios! ¿¡Estás ciego!? Eres un imbécil.
2. **Niño:** No lo haga, es un ser vivo igual que usted o yo. ¡No lo consentiré!
   Agente forestal: ¡Quita de ahí, mocoso!
3. **Niño:** No, yo quiero irme con mamá. No quiero entrar.
   Padre: Hijo, tu señorita es muy buena y aquí conocerás a otros niños y te lo pasarás muy bien.
4. **Conductor:** Lo siento, no he calculado bien, ¿me das tus datos?
   Conductora: ¡Lo que hay que aguantar!, y somos las mujeres las que conducimos fatal. Para que luego digan…
5. **Señora:** ¡Sinvergüenza!, ¿has visto lo que has hecho?
   Chico: Oiga ¡pero qué dice!, yo no he sido.

14.

Paco me ha dicho que te diga que en junio espera verte en su boda.

Sebas me ha dicho que te insista en que nos traigas un recuerdo de tu viaje.

Mamen me ha dicho que te diga que tienes que hacer fotos de todos los monumentos, incluidos los de dos piernas.

Pilar me ha dicho que te recuerde que le traigas el diccionario que te pidió.

Toni me ha dicho que te dé las gracias por el gran esfuerzo que te supuso ayudarnos / ayudarlos en el trabajo.

15.

aparcar – parquear	cena – comida
comida – almuerzo	enfadado – bravo
jersey – suéter	coche – carro
bonito – lindo	conducir – manejar
ascensor – elevador	patatas – papas

16.

Posibles respuestas

¿Cuándo empezaste a hacer gimnasia?
¿A tus padres les pareció bien esta afición?
¿Sigues estudiando?
¿Qué te gustaría estudiar entonces?
¿Es muy sacrificado?
¿Merece la pena?

17.

E	L	E	D	E	M	I	T	A
B	O	M	P	A	G	A	R	T
R	L	I	O	G	I	R	B	A
O	F	U	G	A	Ñ	E	L	B
E	I	D	S	O	E	M	O	R
R	U	R	Z	A	P	A	T	O
I	T	I	A	S	I	M	A	C
C	H	A	L	E	V	I	T	A

18.

Respuesta libre.

19.

Posibles respuestas

1. estar enamorado
2. hacerse una pregunta / no entender nada
3. dormir (roncar)
4. pasar un "mal trago"
5. dolor
6. tener una idea

20.

Respuesta libre.

21.

Respuesta libre.

22.

Posible respuesta

Un grupo de estudiantes va de acampada. Es el cumpleaños de uno de ellos y los demás compañeros le preparan una fiesta sorpresa. Daniel, que así se llama el chico, se sorprende mucho y está muy agradecido. A una de las chicas del grupo se le ocurre una idea: para solucionar los problemas de todos, les propone escribirlos en un papel "mágico". Así lo hacen y, un mes después, cuando vuelven a encontrarse, comentan los buenos resultados obtenidos. Ella les confiesa que no era un papel mágico, sino uno cualquiera, pero que, como lo creyeron, los problemas se resolvieron.